网贷人的10年

FINTECH DREAM CATCHER'S 10 YEARS

南方出版传媒
广东人民出版社
·广州·

目录 /Contents

目录 /Contents

引　言

我们坚持一件事情，并不是因为这样做了会有效果，而是坚信，这样做是对的。

——瓦茨拉夫·哈韦尔

如果说我们是浪漫主义者，是不可救药的理想主义分子，我们想的都是不可能的事情，那么，我们将一千零一次地回答说，是的，我们就是这样的人。

——切·格瓦拉

由灵巧工具和伟大想法所支撑的理想主义。

——《成为乔布斯》

网贷，今天看来一个广为大家熟悉的名词，10 年前却无人所知，甚至连当时已经开启中国网贷创业之路的创业者也没有一个确切的名词来描述自己所从事的行业。至迟到 2013 年公众才第一次广泛接触互联网金融、网贷等名词。

在 10 年前，如果你告诉别人，可以通过互联网为不认识的陌生人提供借贷服务，几乎所有人都会认定他是在痴人说梦。在 10 年后，拍拍贷每年能为数以千万计的在传统金融体制下难以获得借贷服务的人群提供借贷撮合服务，平均不到 2 秒就有 1 个用户在拍拍贷成功获得借贷。这一成功，在 10 年前无法想象。从不可能的痴梦变成鲜活的现实，让理想照进现实的来源，是网贷人对金融、信贷及背后征信技术的创造性发挥，更为重要的是网贷人在这10年对理想的坚持，坚持做一群理想主义者。

每个创新者都能从乔布斯身上有所收获。2011年10月5日，在苹果官方宣布乔布斯因病辞世后，微软CEO鲍尔默第一时间发布悼文："对于乔布斯的辞世，我要致以最深切的哀悼。他是我们行业的创始人之一，是一位真正的理想主义者。我对他的家庭、苹果公司所有人以及他的工作涉及的所有人深表关切。"

一位真正的理想主义者是让人嫉妒的。这种嫉妒，一方面表现为，做理想主义者通常需要经历种种磨难，正所谓"舜发于畎亩之中，傅说举于版筑之中，胶鬲举于鱼盐之中，管夷吾举于士，孙叔敖举于海，百里奚举于市，故天将降大任于是人也，必先苦其心志，劳其筋骨，饿其体肤，空乏其身，行拂乱其所为。"天妒英才的乔布斯，甚至还要面对来自其身体的挑战。

而另一方面，做理想主义者这件事本身，就足够让人羡慕到嫉妒。理想主义者通常有着独特的想法和强烈的感染力，他们对世俗的偏见不屑一顾，他们在茫茫人海中相互吸引，他们在别人知难而退的时候选择奋进，因而他们有机会做一件伟大的事。

在拍拍贷内部，一组“西天取经”的肖像画十分流行。画中，张俊、顾少丰、胡宏辉和李铁铮 4 位拍拍贷创始人，分别饰演着唐僧师徒 4 人的角色。

在讲述拍拍贷的故事之前，理解何为理想主义者、何为拍拍贷的理想主义至关重要。唐玄奘是个不错的引路人。

1300 多年前，大唐贞观盛世下出现了一位非法出境的和尚，法名玄奘。玄奘在国内辗转学佛，发现不同寺庙对于佛法的理解大相径庭，为此决定西行印度，去寻求佛法的真意。当时，唐朝不允许私自出境，然而玄奘决心无阻，最终在几位好心官员的帮助下偷渡出关，进入了大漠。

为了躲避追捕，玄奘昼伏夜出，不断赶路，所骑之马也被累死。在烈日炎炎的茫茫大漠中，他前无顺途，后有追兵，衣衫褴褛，身无分文，唯一知道的，是沿途尽是风险，前路绝不平顺。但他坚信自己一定可以到达印度，取得真经。经过五年将近五万里的艰苦跋涉，他终于来到印度佛教中心那烂陀寺。从印度回国后，玄奘传教布道，翻译了 75 部佛学经典，对中国的宗教、社会文化各方面产生了深远影响，他自己也成为中国最著名的高僧之一。

玄奘是个典型的理想主义者，他的故事向我们证明，要成为理想主义者，离不开崇高的使命感和信念。使命感和信念不仅是理想主义者的出发点，还承担着随时随刻引导航向的责任。

在过去，使命感和信念催生了玄奘、格瓦拉等思想家、革命家的出现；而现在，理想主义者摇身一变，以创业者的形式存在于当今社会。

通常，我们能在创业者身上找到理想主义的影子。在国外，除了乔布斯之外，另一个常为人津津乐道的例子是埃隆·马斯克。马斯克之所以被称为传奇人物，不仅因为他是 Paypal、特斯拉、SolarCity 的创始人和除美国、俄罗斯和中国之外唯一一个掌握卫星发射和回收技术的私人企业家，还因为在成为这些顶尖科技公司的掌门人外，他并没有沉迷于玩弄资本，而是选择继续以工程师的态度和行动投入到每一项科技创新的执行之中。指引这位极具极客精神、又敢想敢干的硅谷造梦工程师持续前进的，正是“怀着最大的诚意去追寻人类的集体启蒙”这样的使命。

在中国，理想主义者的使命感和信念多与祖国的命运相绑定。1977 年，由于文化大革命的冲击而中断了十年的中国高考制度得以恢复，中国由此重新迎来了尊重知识、尊重人才的春天，中国理想主义者的命运也由此改变。77、78 级大学生普遍被认为是出人才的一代，在那个物质匮乏、精神亢奋的年代，对理想的追求远远高于对金钱的追求，造就了一批富有理想的青年。许多人有一种“以天下为己任”的抱负和“天将降大任于斯人”的期待，命运之神也格外眷顾，使他们在随后的改革开放、创业潮的历史机遇中成为中流砥柱。王健林、许家印等商界大鳄，都是在 1978 年参加高考，完成了人生的关键一跃。

当然，人才辈出的绝不仅仅是 77、78 级，在中国这样一个庞大的国家，哪怕是一点微小的变革与改进，都将使一代又一代子民受益。拍拍贷 4 位创始人的命运，也被高考所改变——冥冥之中，他们不约而同地来到了上海交通大学求学，为几位理想主义者的相聚埋下了伏笔。

而理想主义者之所以成为创业者，原因在于，他们一方面随着历史的滚滚车轮飞速前进，从中获取加速度，另一方面不断地向前看、向后看、向外看，从而清楚地认识到当下的不足，随后勇敢地跳出既有轨迹。

这样的举动一般超越于时代，以同时代的眼光来看，多少会有点疯狂。好消息是，我们所处的时代一直在被信息技术所加速；坏消息是，创业机会转瞬即逝。为了抓住创业机会，比尔·盖茨甚至放弃了哈佛的学位。

2006 年年底的时候，几个已近而立之年的青年很是焦虑。在此之前，他们拖着改变世界的豪情开始了创业之旅。他们做过保健品电商网站，研究过博客，做过视频网站，但很快都因为缺乏资金投入而倒闭。在看着跟他们同样的年轻的创业者们因为缺乏资金的支持而步履维艰甚至纷纷放弃的时候，一个想法在心里盘旋：“能不能够做点事情，来帮助像我们这样的创业者，甚至是更多的想要实现梦想的年轻人，帮助他们解决资金的问题？”

拍拍贷最初的使命感和信念由此而生。2007 年 6 月，拍拍贷上线，拉开了中国网贷行业发展的序幕，也同时开启了几个疯狂的拍拍贷人艰难探索的征程。走着走着，拍拍贷的命运也别无例外地，最终与中国信用体系建设的时运捆绑在一起。

在创始人之一张俊看来，拍拍贷走的是一条普惠金融的玄奘之路。“金融曾经是那么的高大上和遥不可及，但因为拍拍贷的存在，我们让金融对于每一个人都变得触手可及。当金融变得触手可及，天下也就没有难借的钱了；同时我们希望通过我们的努力，构建起信用体系，来改变‘中国人不讲信用’这一根深蒂固的误会。”

几位创始人的使命感和信念，在历经十年锤炼之后，升级为拍拍贷“金融触手可及 信用改变中国”的使命。

走进拍拍贷，这种使命赋予的理想主义色彩随处可见。拍拍贷每个办公区域都有个五花八门的名字，其催收团队最早的办公区域叫洛杉矶（Los Angeles）。起这个名字，是因为拍拍贷相信，每一个逾期的用户都是迷失的天使（Lost Angels —— 英文迷失天使的谐音），催收团队的职责是拯救这些天使。

而拍拍贷另一个会议室，叫休斯顿（美国火箭发射中心），公司不少新项目就是在这个“小黑屋”中诞生的。因为拍拍贷理想主义地希望，新的项目在这里，就像火箭发射一样一飞冲天。

不过，相比办公室名称这种外在的表现来说，拍拍贷的理想主义还有更为本质的东西，用“离钱 1 厘米”来形容再合适不过。

俗话说，离钱近的行业来钱快，网贷是一个能闻见钱味儿的行业。目前，有数千万人在各种网贷平台上借钱或投资，整个行业流转的金钱数额以万亿计。

但十年前，整个个人信贷市场还几乎是一片空白。在 2007 年 6 月，花呗、白条还无从谈起，中国网民总数也只有 1.62 亿，网络普及率与英美等其他网贷起源国差距很大；彼时，商业性小额贷款公司刚刚试点不久，国外非常普遍的消费金融公司国内一家都没有，银行对绝大多数普通人来说门槛又很高。尽管如此，由于人们的不理解，搞网贷在大众眼中，仍然等同于搞非法集资，是在犯罪。

有数个时刻，网贷离非法集资、犯罪，可能真的只有一步之遥。近两年，一系列跑路、非法集资甚至诈骗的风险事件所引发的紧张情绪，至今仍在考验着大众对于行业的信任。一旦信任崩塌，网贷 10 年来做的所有努力也将功亏一篑。

幸运的是，网贷行业能发展到今天，说明有人在不断摧毁这种信任的时候，还有人在不断建立这种信任。拍拍贷属于后者。而垒砌信任所需的一砖一瓦，无疑需要始终保持与钱的距离，需要常存对金融的敬畏之心。

保持对金融的敬畏之心其实颇为不易。因为忽视了对风险的考量和控制，不少有名的金融家和企业，如徐翔、雷曼兄弟等，都栽了跟头。离钱1厘米，是企业，尤其是互联网金融企业必须跨过的、对道德和人性的挑战。在企业萌芽、发展的初期，它依靠的是创始人及其团队强大的自制力；在企业走向成熟后，它需要的是不越雷池一步的风险管理制度。

在这一步，许多理想主义者倒下了。拍拍贷则把路越走越宽。

不可否认的是，理想主义者的成功，或多或少会有运气的成分。在哥伦布发现新大陆的那一刹那，他肯定会相信，能够逃脱风暴、饥渴和死亡的威胁是命运女神的眷顾。尽管如此，在生死关头，使命感和信念仍显得弥足珍贵，因为它意味着理想主义者为了穿越艰险的历史时刻，敢于付出怎样的代价。那些开拓者是最具有理想主义成分的偶像，他们经过大风大浪但初衷不改，理想主义经受了现实的洗礼而愈加光彩夺目。

但不难想象，运气、使命感和信念，显然不足以支持漂洋过海的远航。那么问题来了，能成功瞥见新大陆婀娜身影的，为什么是拍拍贷？

"由灵巧工具和伟大想法所支撑的理想主义"——乔布斯的传记《成为乔布斯》中的这句总结，提供了一个可能的答案。乔帮主携苹果向我们证明，理想主义者要做出一番成就，只有"伟大想法"是不够的，还必须佐以"灵巧工具"——优秀人才和先进技术等都在此范畴。

如果按照企业发展三段论来看的话，拍拍贷成功地经历了企业发展的三个阶段：市场驱动发展、领导力驱动发展和创新驱动发展。在个人信贷资源极度匮乏的十年前，拍拍贷的出现适时而完美地契合了市场；在进行收费与免费、企业贷与个人贷，以及是否移动化等选择的关键时刻，拍拍贷在决绝的领导力下，做出了艰难而正确的决定；而现在，拍拍贷调整气息，正逐步转型为以人才为核心资源，以数据和技术来驱动业务的增长模式。

时代也随之发展变化。2016 年被称为互联网金融行业的规范监管之年。随着互联网金融行业监管政策的不断明朗、规范，互联网金融的各个细分领域也发生了显著改变。一个新兴事物，从萌芽到发展，最终要走过漫长的过程。对于参与其中的人来说，付出的不仅是汗水。

伴随着余额宝的风靡，大量互联网金融平台上线，并迅速走马圈地。尽管互联网金融正在改变我们的生活，然而迄今为止，公众无论是对于广义的互联网金融，还是狭义的网贷行业，仍多是雾里看花。

为了拨开迷雾，本书的写作通过采访拿到第一手资料，记录了拍拍贷创始人及其核心员工的亲身经历，并结合了行业背景及作者的深度分析和思考。其中既包括这家别具特色的创业公司过往十年的心路历程、创业经过、融资细节等大事件，亦融入了整个行业十年间的兴衰变迁。

网贷和拍拍贷的十年很精彩，作为拓荒者，拍拍贷是中国互联网金融行业的一个缩影，亦是踊跃的创业大潮中的一面镜子。这本书记录了一群人十年的梦想，或许很多有梦想的人，都能在拍拍贷的故事里面看到自己。

作为“第一个吃螃蟹的人”，拍拍贷的故事里面缺少几位创始人因先知先觉而带来的红利。相反，在一个相当长的时间段内，几位创始人获得的不是鲜花和掌声，而是不被理解的寂寞。然而作为理想主义者，哪怕前路艰险，他们仍坚持砥砺前行。

在采访中，作者意外了解到，很多知名网贷平台的创始人，也曾经是拍拍贷的用户。红岭创投的周世平，早期就是拍拍贷的投资人。在创业前，他显然也曾考虑过参照拍拍贷的模式，但他尝试后的结论是：这种模式做不下来。

倔强、无知但无畏的拍拍贷，用了整整十年，把自己的模式做成了。在一群理想主义者前赴后继的努力之下，不可能变为了可能。

对于一个人来说，十年意味着人生中一段难忘的岁月；对于一个传统行业来说，十年往往只是弹指一挥间。然而，在互联网领域，时间既漫长又短暂，坚持下来就有不一样的意义。正所谓：道足以忘物之得丧，志足以一气之盛衰。

十年树木，百年树人，商业的进化，某种意义上类似于生物的进化。

目前地球上最高的生物——红杉，是一种极为古老的物种，自然界进化的逻辑不在于新老交替，而是在于对不断变化的环境的积极适应。

如今，在网贷行业加速洗牌的环境下，拍拍贷依然保持了强劲的发展势头，用户数以及成交额屡创新高。这与拍拍贷在创业初期的艰难窘迫形成了强烈的反差，也与其在行业野蛮生长时被嘲笑停滞不前，形成了鲜明对比。

拍拍贷的故事告诉我们，理想主义者的创业充满了未知，并且创业无疑是个九死一生、成功率极低的行当。王兴、张一鸣这些大咖，以及更早的马云、马化腾等，也都不是第一次创业就成功。

唯一可以确定的是，创业不是百米冲刺，而是一场马拉松。谁能够找准目标、用对方法、不懈精进、坚持到终点，谁才能成为最后胜利的少数。

第一章

小镇青年

作为一个活跃在繁华都市的创业公司 CEO，张俊的梦想却起源于一个普通的西部小镇。

即便在上海生活多年，他的身上依然有着小镇青年的影子。张俊对于创业的执念，或许始于少年时代卖烟花爆竹赚取的 5000 元。

小镇青年养成记

在很多同龄友人及拍拍贷员工眼中，张俊是个屌丝逆袭的典型案例。从小镇青年到创业公司CEO,张俊似乎完成了世俗意义上的“华丽转身”。

事实不仅如此。这位小镇青年，在拍拍贷的数次关键抉择中，还屡屡担负了快刀斩麻、破釜沉舟的角色。然而至今，很多人对于小镇青年的观感，还仅仅停留在快手上某些极其浮夸的直播视频。这不禁让人心生疑惑：这些年在张俊身上都发生了什么，他的成长经历，与其后来在拍拍贷表现出的领导力又有何关联?

1977 年，张俊出生在四川德阳一个不知名的小村镇。张俊的父亲原本是村里的村支书，却不愿安于现状。1978 年改革开放后不久，他辞去村支书并买了辆货车，开始跑运输生意。

在改革开放初期，敢于放弃安稳生活出来做生意的人，无疑要具备相当的胆量。这样的人在当时还有一批，他们走南闯北，见识也变得愈发丰富。与那些在时代潮流中一飞冲天的富商大贾相比，张俊的父亲虽谈不上是精明的生意人，但做生意的意识已在向下一代遗传。

张俊是家里的独生子，在尚未开始计划生育的年代，西部农村的独生子并不常见。因为张俊自小比较顽皮，小学时候还喜欢跟人打架，所以父亲在出车的时候，常常带他在身边，后来就让他帮忙算账收账。这让张俊的童年生活与身边的小伙伴相比，显得有些特别。

长大一点后，张俊开始整天跟父亲一起跑车，父亲也有意识地教他开车。父亲当时的想法很简单：对这个顽皮的小孩来说，会开车意味着掌握了一门手艺，未来至少可以依靠这门手艺安身立命。

受当时的条件所限，开车修车都是父亲一人，张俊在旁边边看边学，这让他至今依然爱车如命。小学毕业时，张俊学会了开车，当时用的是5 吨的东风牌大货车。因为人小，张俊把座椅推到最前面，结果看起来还是像无人驾驶。

初一那年寒假的一天，张俊开着车去拉货。那一天刚好下雨路滑，开车一向很快的他，一不留神把货车开进河里去了。幸好当时是冬天，河里的水不深，但 13 岁的张俊还是吓得不轻。

父亲赶紧下车把张俊拉出来，确认张俊没事后，丝毫没有责怪的意思，关切地问道："你今天怎么回事啊。"

"下雨路滑，转弯的时候没有减速，方向没来得及打就掉进去了。"

"那你以后还敢不敢开？"父亲接着问。

张俊没想到父亲会问这样的问题。由于受了惊吓，河里的水又很凉，张俊的两腿正直打哆嗦。

"不敢。"张俊下意识地回答。

没想到，父亲的和颜悦色立刻消失不见，劈头盖脸地骂了他一顿。"你这个没出息的，一点胆量都没有，这样还叫男子汉吗？"

张俊愣得说不出话来。少年时期的这件事，给他留下了不可磨灭的印象。父亲的教育向来简单粗暴，却培养了张俊坚韧的性格。后来遇到挫折和挑战时，他也不会轻言放弃。在拍拍贷的四个创始人中，张俊的韧性最强，碰到困难不后退。

起初，张俊的父亲是自己跑车，常常帮罐头厂拉煤炭或者帮水泥厂拉矿石。后来跟这些单位的关系混熟了，父亲就开始承包一些活儿，再叫上几个开货车的朋友一起干，折腾一点小生意。

在帮忙跑车、收账的时间里，张俊慢慢开始觉得做生意很有趣。有一年春节，张俊跟父亲一起去县城，发现那边的烟花爆竹与镇上的价格相差颇大。他就跟父亲借钱，买了几千块钱的烟花爆竹，回来在亲戚家的中药铺前摆了个摊。没想到，这个小摊生意火爆，烟花爆竹全部出手之后，张俊与父亲一算账，发现 7 天净赚 5000 元左右。

5000 元在今天来看似乎是个微不足道的小数目，然而在 80 年代中期的西部小镇，绝对算得上是一笔不菲的财富，甚至不亚于父亲开车的全年收入。对于稚气未脱的张俊而言，更是一个天文数字。这次经历不但使他在少年时代就赚到了人生的第一桶金，还在他的心中埋下了不安分的种子。

张俊内心里冒出了一个朴素的想法：做生意挺有意思，长大以后一定要自己折腾。

相比之下，张俊的学业在少年时代并不出色。张俊的小学是很一般的一所小学，初中亦为二三流，成绩在班上多数时间都是中游水平。不过考高中时，张俊却超常发挥，一脚蹬进了县城里的省级重点中学。

离家求学的生活就此开始。高中时代，张俊看上去还是吊儿郎当，从来算不上师长眼中那类品学兼优的孩子。高中住校的张俊，当时每周可以回家一次，每周有 20 元生活费。每次离家前，他都会花 2 元钱，去一家小发廊喷点摩丝，弄一个标准的中分头，然后自我感觉良好地去学校。

此外，张俊还是学校附近“堕落一条街”的常客，常常跑到录像厅去看录像。录像厅似乎是外部广阔世界的一个窗口，在这里，小镇青年惊奇地发现，在自己生活的一亩三分地之外，还有自己从未见识过的大场面。

张俊的好奇心一下子被激起来了，学习成绩也开始慢慢变好。并且，张俊似乎颇为擅长应对关键大考。平时考试，他在班上的排名往往在 20 位左右，只能算中等偏上，高考却再次超水平发挥，考出了全校第三的好成绩。

不过，下一步该怎么走，张俊自己及其家人并不清楚。在高考填志愿的时候，他差点就听从了亲戚的建议，报考了南京的一所军队院校。果真如此，张俊今天的命运轨迹肯定又不一样。

改变他想法的，是在他的高中当老师的二叔。在了解到他几次模拟考试的成绩之后，张俊的二叔把他找了过来，分析道：你的成绩报考西安交大或者上海交大都没问题，你选一个吧。张俊听完十分兴奋，果断选择了上海交大。“我要到上海去开开眼界！”

在此之前，他最远只去过一次成都。而当时上海浦东正开发得热火朝天，东方明珠刚刚建好不久，张俊迫不及待地想去看看只在录像厅里出现的现代化大都市。

1996 年夏天，张俊成功考入上海交通大学当时分数最高的通信工程专业。

回顾自己的求学经历，张俊的总结是：三流小学、二流初中、一流高中。而他在高考发挥出色，位列全校第三名，终于有了来上海开阔眼界的机会。如同 1977 年恢复高考以来万千底层出身的学子一样，对于这个小镇青年来说，高考改变了他的命运，使他完成了人生的关键一跃。

从小镇到繁华大都市

1996 年考上上海交通大学后，张俊人生中第一次来到上海，也是他第一次见识大城市。在上海火车站，张俊搭上了接送新生的校车。车行驶了几个小时，才抵达上海交通大学远离市区的闵行校区。当时他的心情除了新奇之外，还有不少不适应，甚至是不安与惶恐。

在食堂吃饭的第一天，张俊就闹了个笑话。四川人爱吃辣，张俊在食堂打饭也是专挑红红的菜吃。看到茄汁烧大排，他以为是辣的，就屁颠屁颠地买了两份，结果发现居然是酸甜的！过了好几周，张俊才慢慢开始适应食堂的口味。

张俊那口带有浓重四川风味的普通话，也没少让他在同学老师面前出糗。别人总是听不懂，或半开玩笑地模仿他说“川普”，让张俊在来上海后很长一段时间里，都感觉很自卑。后来，他拿出学开车时的那股韧劲，花了很大功夫去矫正。

不过，这些只是快乐的大学生活中的小小插曲。张俊很快活跃起来，广泛参与到各种社团、活动中。在他的观念里，自己终于来到了大城市，可以放肆地玩耍了。

大学期间，张俊疯狂地迷上了摇滚乐，性格也在音乐中得到了释放。张俊最喜欢的乐队叫 Metallica。二十世纪八十年代后期，欧美摇滚乐坛上“重金属”音乐正在鼎盛时期，而此时出现的 Thrash Metal（激流金属）像一股洪流一样冲击着乐坛。这种流派的创始者就是 1981 年在美国洛杉矶组建的金属乐队 Metallica。Metallica 无疑是从上世纪 80 年代至今世界上最杰出和最有影响力的重金属乐队。悲剧的是，1986 年 9 月 27 日，由于巡回表演的巴士专车发生重大车祸，乐队贝斯手 Cliff Burton 被夺走了生命。

张俊本身歌唱得不错，便在大学里组织了一个摇滚乐队，在里面担任主唱。工作以后，张俊需要一个英文名字，就直接取了 Metallica 乐队贝斯手的名字“Cliff”。今天在拍拍贷公司里，还能听见一些员工喊张俊“Cliff 大叔”。

事实上，大学的几年时间，张俊的时间多数花在玩儿上。或许，从小镇青年的角度来说，他的举动并不奇怪。向往的新生活就在眼前，没有理由不张开臂膀拥抱这片更为广阔的天地。

爱玩这个特点，张俊一直保留至今。用他的话说，就是“爬也要爬去玩”。工作以后，张俊工作很投入，玩起来也很拼命。到一个新地方，哪怕是连滚带爬都要去玩。在大学，张俊也有了机会体验自己没见过的东西，以及做自己想做的事情。`

上大学以前，张俊没坐过飞机。于是，他决定在大一寒假时体验一把，搭乘上海飞成都的航班回家。刚上飞机时，他感觉非常新奇，没曾想途中遇到气流，飞机急速下降，非常颠簸。自此以后，张俊跟荷兰球星博格坎普类似，开始患上恐飞的毛病，出行尽量不选择飞机。

回到镇上，张俊带着吉他，兴冲冲地去见父亲。当时他留了一头过肩的长发，自以为很有摇滚范，颇有点衣锦还乡的感觉。然而，父亲一见到张俊，顿时勃然大怒，质问他为何留了这么个发型。

张俊有点懵：“这是上海最流行的发型啊？”

谁曾想，他越解释，父亲却越生气。在父亲眼里，这种发型应该是那些“杂皮”（乡村古惑仔）的专利，看上去就不像什么好人。父亲命令他马上去剃掉长发，张俊坚决不答应，两人就这么僵持着，在镇上的马路边上僵持了四个小时。

最终，张俊还是犟不过父亲，跑到以前喷摩丝的小发廊去剃了头发。然而，他的新发型却让父亲哭笑不得。原来，张俊竟然剃了一个光头！父亲的本意是让他剃一个类似板寸的“正常发型”，没想到他为了斗气，居然剃成光头以示反抗。

自此以后，光头开始成为张俊的“标配”，一留就是二十年。其实光头并不好打理，十几天不整理，就会有一些小发茬冒出来。现在，这已难不倒他，一把吉列刮胡刀，一罐剃须刀，就可以将光头打理得锃亮，也算是练就了一门手艺。可当初为了练手艺，他没少被刀片划伤。

顶着光头，注定走到哪儿都会被人瞩目。习惯之后，张俊觉得自己再也没什么可怕的了，渐渐融入进上海这座繁华大都市。张俊的太太是上海人。工作以后，他认识了太太，惊为天人，下定决心要把对方娶到手。上海丈母娘是出名的难伺候，张俊却特别讨丈母娘喜欢。当时他住在浦东，丈母娘住在古北，张俊就专门在丈母娘小区租了一套房子；丈母娘喜欢打麻将，张俊就去学上海麻将，找机会与丈母娘的亲朋好友们一起打。在麻将桌上，张俊还学会了说上海话。

爱逃课的两兄弟

在上海交通大学，张俊与顾少丰成为了同班同学，两人学的都是通信工程专业。

顾少丰是本书的另一位主角，也是最早全职投入拍拍贷的创始人，对自己的评价是“愿意尝试新鲜的东西，热爱冒险，希望做有社会影响力的事情，不喜欢出名”。虽然是上海户口，但由于父母工作的关系，顾少丰自小在甘肃酒泉的军队大院里长大。

军队系统有其特殊性，自成一体、相对封闭。散布在城市角落的军队大院，就像另一个独立的小城镇，有自己的办公区、生活区、食堂、服务社、礼堂、医院、车队、幼儿园、小学，甚至中学。在这里长大的顾少丰，如同大部分军队大院里的孩子一样，单纯、狂热，有着与生俱来的拯救一切的满志踌躇。

不过，在军队大院里能接触到的东西实在有限。直到读初二时回到上海，顾少丰才第一次见到了已在这里风靡很久的游戏街机。这个繁华的大都市中，有没有我的一席之地？顾少丰这样想着，以优异的成绩考入上海交通大学，逐渐变成了一个技术宅男。但他内心依然桀骜不驯，总希望自己能够改变世界。

顾少丰与张俊两人性格迥异：张俊的生活方式很像老外，非常喜欢玩；顾少丰是一个典型的技术宅男，一点也不喜欢玩。但两个人也有相似之处，都是在一个封闭的环境中长大，少年时代都没有见过大世面，可以说是十足的小镇青年。更大的共同点在于，两个人都有着不安分的灵魂。

乍一看不可能会成为朋友的两个人，在大学却成了至交好友。张俊和顾少丰有一个共同的爱好——逃课。大学四年，两人几乎逃掉了百分之七八十的课，逃课也没去干什么大事，总是躲进图书馆看期刊、杂志，或者去机房上网，广泛涉猎各种新鲜资讯。当时有机会上网的城市以及人群都还不多，有赖于上海交大的丰厚资源，张俊与顾少丰在大学时代就能够频繁接触网络，大大开阔了眼界。

大城市出生的人们，往往已经对很多美好的东西熟视无睹，对便利的环境习以为常。而张俊与顾少丰都是从一个相对封闭的地方走向大都市，刚来上海的时候内心世界都曾经遭受过强烈的冲击，这更激发了两个小镇青年不满足于平平淡淡的校园生活，总想做点什么的强烈欲望。回想创业路上遭遇的艰辛以及不确定，几位创始人都咬牙坚持下来了，或许也是因为他们内心中最隐秘的地方，充满了对成功的渴望以及改变世界的冲动。

1996 年，顾少丰、张俊进入上海交通大学时，中国有大约 30 多万互联网用户。两个人的大学时期，中国互联网正经历从 1.0 的拓荒，到 2.0 时代开始萌芽的阶段。1994 年 4 月 20 日，中国实现与国际互联网的第一条 TCP/IP 全功能链接，成为互联网大家庭中一员。

中国通过一条 64K 的国际专线，全功能接入国际互联网，成为国际互联网大家庭中的第 77 个成员，中国互联网时代从此开启。

互联网 1.0 时代就是门户网站的天下，网民们上网主要是浏览信息，主要当做类似报纸的工具，没有其他的功能。而互联网 2.0 时代，正好是中国互联网创业风起云涌的时代。张俊等人的大学时代，正好赶上了国内互联网创业的第一波浪潮。两人之所以后来选择创业，跟当时的氛围也息息相关。

整天看杂志、上网的顾少丰与张俊，对于外界的创业故事可谓耳熟能详。

1997 年，三家最早的互联网公司（三大门户网站）成立，分别是搜狐、网易和四通利方，四通利方后来变成了今天的新浪。

1998 年 2 月，张朝阳创办的爱特信推出“搜狐”产品，并更名为搜狐公司；12 月，王志东创办的四通在线完成与美国华渊资讯的合并，推出了新浪网，至此，新浪、搜狐、网易三大门户网站均已亮相，中国商业互联网开始真正兴起，自此拉开了进入中国民众日常生活的序幕。

1998 年，腾讯成立，首次建立人与人的连接，这是社交范畴的，不管是 QQ 还是微信；1999 年，阿里巴巴成立，建立了人与商品的连接；2000 年，百度成立，建立了人与信息的连接。

1998 年 11 月，马化腾离开自己从毕业起工作了五年之久的深圳润迅通讯——当年寻呼行业中处于垄断地位的龙头老大，联合张志东、曾李青、许晨晔、陈一丹 4 人创办了一家名叫腾讯的公司，做寻呼台系统集成业务。

1999年初，抱着试试看的心态，马化腾把OICQ放到互联网上让网民免费下载，立刻在学生群体中引起巨大反响，在大学校园里风靡一时，不到一年时间便发展了500万用户。

到了张俊等人毕业的2000年，中国网民数量突破1000万，新浪、网易和搜狐也在这一年先后登陆纳斯达克。2000年的科技股股灾，打击了风险资本投资互联网的积极性，但丝毫没有影响中国人拥抱互联网的热情。

顾少丰和张俊经常聊关于创业的事情，也想在互联网时代一试身手。大学期间，张俊等人做了不少尝试。两人几乎跟携程同时期做了个旅游网站，结果因为没钱运营无疾而终。临近大四毕业时，他们发现大家的阅读习惯正在改变，很多人不再通过书籍、杂志等纸质媒体来获取信息，而是会去新浪、搜狐一类的门户网站。几个人一合计，能否设计出某种电子阅读设备，把杂志、书籍等上传上去，不再需要纸质的内容?

一不做二不休，两人又找了几个同学搞了个“Info-Anywhere(信息无处不在)”的项目，其概念有点类似于今天的iPad。当时这个项目还参加了上海大学生创业大赛，并获得了二等奖。当时易趣网的创始人还帮忙引见投资人，投资人后来觉得不太靠谱，该项目也就因此作罢。

张俊等人毕业之前，互联网史上的第一个冰河期到来。2000年3月30日，由新浪当时的CEO王志东、COO茅道林率领的新浪路演团从香港出发，经由新加坡、英国，一路浩浩荡荡开赴美国。离开伦敦的那天，纳斯达克猛跌500多点，但他们没有时间也没有心情推迟IPO。对此，王志东只是说：“其实我也知道泡沫正在破灭，但怎么能不上呢?硬着头皮也要上。”

2000年4月13日，新浪在纳斯达克股票市场正式挂牌交易，代码是SINA。中午12:30新浪网开始挂牌交易，开盘价为17.75美元，最高价为29.125美元，最低价为17.75美元。这个成绩让王志东感到沮丧，但他没有料到，更大的噩梦还在后头。

纳指暴跌，殃及池鱼，新浪的股价应声跌到了1.06美元，搜狐跌至60美分，网易在上市的当天就跌破了发行价，连续9个月跌破1美元，一度只有53美分，甚至被停牌。由三大门户网站领衔出演的中国互联网企业赴美上市热潮随即戛然而止，转瞬归于沉寂。

互联网看似风光无限，可是到2000年张俊等人毕业的时候，很多互联网公司却开始纷纷倒闭。此外，张俊的父亲当时与朋友搭伙做生意，被人坑了一把，亏了不少钱，货车司机的营生也比较辛苦，张俊希望早点挣钱，让父亲早点退休，还想给父亲在城里买套房子。所以，几个人虽然都有创业做点什么的想法，却很难下定破釜沉舟的决心。

就在这时，张俊和顾少丰通过多轮面试，双双收到了微软的聘请。微软是当时全球市值最高的公司，对于很多人来说，能去这样的公司上班绝对是一件可遇不可求的事。他们自然没理由放弃这样的机会。就这样，两个爱逃课的兄弟，从同学又变成了同事。

微软微软

拍拍贷的四位创始人中，有两位来自微软。谈到中国的创业故事，微软很难不被提及。

有数据统计，截止到 2014 年 12 月 31 日，创始人或创始团队成员来自微软的国内创业公司有 129 家，从领域分布上看，微软系的创业公司几乎涵盖了所有领域，其中很大一部分是工程师出身。另外，微软系出现了很多连续创业者，有过多个创业和项目经历。

能留在上海并进入到微软，让张俊的父亲颇感自豪。在小镇青年里，考上名牌大学的本就凤毛麟角，能够进入当时世界上数一数二的公司，更是让父亲长了脸。“他在世界首富比尔·盖茨的公司上班”，当时父亲总是这样向乡亲们介绍儿子的工作单位。

其实张俊毕业时，华为也向他抛出了橄榄枝。但张俊一方面觉得华为没有微软名气大，另一方面对华为提供的销售岗位也不太满意，因此最终选择到微软去磨炼技术。

“即便到现在，依然觉得微软是非常好的一家公司。而回溯到 2000 年，它是最好、市值最高的公司，没有之一。当年 Google 和苹果都还没有现在的高度，微软的江湖地位相当于现在的 Google 和 Facebook。”顾少丰对于微软有着独特的感情。

这个星球上最早最出色的软件公司叫什么名字？毫无疑问是微软。微软公司在PC时代创立过诸多辉煌。微软公司上市之后，市值也节节攀高，超越波音、IBM，接着又超过三大汽车公司市值总和，直至突破5000亿美元大关超越通用电器（GE），成为全球市场价值最高的公司，年营业额超过世界前五十名软件企业中其他49家的总和，即使在2003年底被司法部和19州围追堵截的景况下，仍被评为“最受尊崇的公司”。

而顾少丰与张俊进入到了微软的技术支持部门，幸运地经历了微软最为辉煌的几年。对于刚毕业的年轻人来说，微软曾经承载了顾少丰和张俊的梦想，为微软工作不仅意味着收入丰厚，还是职场金字塔塔尖的象征。

两人都在这家公司里如饥似渴的学习。在进入微软的第一年，顾少丰每天的下班时间不早于凌晨1点，张俊更是大半年没有休息过一天。

据顾少丰回忆，微软的内部都是特别聪明的一群人，能从周围学到很多东西，整个体系的架构也非常合理。在张俊看来，微软有成熟的管理理念，每个同事都是百里挑一的精英，与一群一流人才一起工作，也极大地拓宽了自己的视野。

在微软的几年，顾少丰和张俊不仅深受其工程师文化的影响，亦接触到了最优秀企业的管理。微软对于顾少丰和张俊影响深远，以至于在创业初期，两人常被另一位合伙人胡宏辉嘲笑有大公司病。

顾少丰的感受是，在大公司，与在创业公司是完全不同的两个体系，他创业后花了大概两年的时间才开始适应。“微软这类公司，周围的人特别靠谱。某件事一提，就可以对结果拥有一个很高的预期，甚至很多人会做得比自己更好。同样人家找自己帮忙，也可以给他一个很高的预期，结果往往不用担心。”

“后来创业了，发现跟人说一件事，90% 不靠谱，剩下的 10%，还有七八成做不到预期。大公司的体系，知道该找谁把这个事情做掉，外面完全没有保证。譬如说，微软的研发就很有体系。写文档，写代码，一套体系都很清楚。

在创业公司完全不一样。如果还是按照大公司的做事方式，节奏就会很慢，就会死得很难看。此外，思维方式也不太一样，在创业公司，有时候摸爬滚打之后会觉得发现了一个很牛逼的道理。而在大公司，往往觉得这不就是常识么，理所应当这样干啊。

不过，之前说的是大公司的一些好处。而进入创业公司后，不适应的地方更多。任何一个明星公司或者大公司的人过来，都要经历一个适应的过程，落差越大越难适应。在公司的历史上，正反两方的例子都不少，有很多人最后成长为牛人，也有很多人适应不了体系。每个人都有一个适应的过程，多多少少都有痛苦的地方。”

5 年多时间，顾少丰做到了微软全球技术中心技术主管。微软生活给了顾少丰很多东西，让他至今保持着对前沿技术的敏感，也为拍拍贷坚持以技术为驱动埋下了伏笔。

不过，顾少丰在微软工作的 5 年，始终没有放弃创业的想法。与此同时，中国的互联网行业也正在发生剧烈的演变。

虽然 2000 年互联网进入史上的第一个冰河期，但新的热点仍在不断出现，或许这就是互联网创业最具魅力的地方。2001 年 11 月，盛大代理了韩国大型网络游戏《传奇》，这扭转了盛大网络的命运，也让网游成为后两年中国最挣钱的行业。

2003 年和 2004 年，丁磊和陈天桥凭借移动 SP 服务和网络游戏，先后坐上“中国首富”的宝座，不但让人们见识了互联网快速造富的能力，还证明了它可能是无钱无权无势无资源的年轻人的最佳上升通道。

2003 年春天给很多中国人留下了难以磨灭的记忆，这一年“SARS”入侵，瘟疫造成的恐慌在人们心中迅速蔓延，也打乱了正常的生活与商业活动。但是，一个行业在这场灾难的特殊时期得到了长足发展，这就是电子商务。

塞翁失马，焉知非福。由于人们足不出户，网络交易成为最受青睐的手段。就是在这一年，阿里巴巴每日新增供求信息量比 2002 年同期增长 3 至 5 倍。尤其是在非典时期，达成交易的企业占总数的 42%，业绩逆势上升的企业达 52%。看准了历史机遇的阿里巴巴做出了两项重大的举动——投资 1 亿元人民币推出个人网上交易平台淘宝网，并创建独立的第三方支付平台——支付宝，正式进军电子支付领域。两年后，淘宝网成为全球最大的个人交易网站，支付宝成为全国最大的独立第三方电子支付平台。

2004 年 4 月 15 日，在芬兰的埃斯波市，芬兰技术奖基金会将全球最大的技术类奖“千年技术奖”授予了英国物理学家蒂姆 · 伯纳斯 · 李。伯纳斯 · 李被业界公认为“互联网之父”，他发明的万维网改变了全球信息化的传统模式，带来了一个信息交流的全新时代。更伟大的是，伯纳斯·李并没有像其他人那样为“WWW”申请专利或限制它的使用，而是无偿向全世界开放。

而正是在 2004 年，顾少丰等人毕业时所遭遇的互联网寒潮，似乎已经悄然退散，中国的互联网企业迎来了第二轮境外集体上市热潮。

这一年，中国的互联网公司纷纷在纳斯达克或香港联交所敲响了上市的钟声。3 月 5 日，掌上灵通在美国纳斯达克公开上市，成为首家完成上市的中国专业 SP；3 月 10 日，TOM Online 分别在纳斯达克和香港联交所上市；5 月 13 日，盛大网络正式在美国纳斯达克股票交易市场挂牌交易，融资额为 1.5 亿美元；6 月份，腾讯公司成功在香港上市，募集了 2 亿美元的资金；7 月 9 日，空中网登陆纳斯达克，融资规模达 1 亿美元；9 月 30 日，前程无忧网在美国纳斯达克市场挂牌，融资 7350 万美元；12 月，“第九城市”在纳斯达克正式挂牌上市。

大量热钱涌入中国，使原本写在纸上的财富真正变成了真金白银，也创生出一大批身家过亿的网络财富新贵。中国互联网从 1999 年的高涨到 2001 年的回落然后到 2004 年的再次升温，这些创业者的理想主义也再次被点燃。

2005 年，中国网民数量突破 1 亿。如火如荼的 Web 2.0 浪潮，让“去中心化”、“群体智慧”、“长尾理论”等观念深入人心，并助推了豆瓣、土豆等一大批新型互联网创业公司，资本市场在沉寂 5 年后重新变得火热。

也正是在这一年的 8 月 5 日，百度在美国纳斯达克成功上市，股价当日涨幅为 287%，创下了自 2000 年以来纳斯达克首日 IPO 涨幅最高的记录，成为全球资本市场最受关注的上市公司之一。百度上市所创造的 IPO 神话，令美国人也不得不承认，这个“中文版 Google”把他们又带回到了 1999 年的第一次网络热潮时代。Google 进入中国，而阿里巴巴则吃下了雅虎中国。

2005 年初，顾少丰的朋友王建硕突然从微软离开，去了 eBay 组建其旗下的社区网站客齐集。 2005 年，国内各门户网站加入博客混战，开始进入博客春秋战国时代。新浪博客、网易博客、搜狐博客、腾讯博客、博客中国等，都是当时有名的博客网站。

到了这个当口，顾少丰的内心再也无法平静，他透过厚厚的眼镜片发现，窗外 Web2.0 大潮已经是汹涌澎湃了。

第一章 拓荒者

“你是谁？你从哪里来？要到哪里去？”每个创业者都必须针对这三个问题给出自己的答案。

或许，正是对于自身价值观的坚持，让几位创始人放弃了早期的视频网站项目，转身成为国内网贷行业的拓荒者。

牛刀小试

其实早在2003年下半年，顾少丰就想过要辞职创业。当时辞职报告已经交了上去，散伙饭也吃了，他却突然感觉到莫名的恐惧。顾少丰想到一个问题：辞职了谁来帮自己交养老保险?

这种恐惧现在看来似乎有点可笑，但当时的他却无法逾越。顾少丰思来想去，最后找到了上司那里，上司倒是挺宽容，让他把辞职报告又收回去了。于是，顾少丰又继续在微软安心工作。过了一年多，顾少丰终于克服了这种恐惧，再次辞职出来创业。

张俊的心态也有点类似。在张俊看来，与深圳、杭州等地相比，上海对于失败很不宽容。上海相对比较保守，不喜欢不确定性，从政府到民间，都有这种心态，这才导致了在互联网创业领域有了杭州的后来居上。

有观点认为，上海人一向以精明著称，喜欢计算投资回报率，尤其看重前期1到2年的投资回报率，若收益率不高，甚至亏本，宁愿投资到房地产、汽车等更保险项目；此外，上海人的特点是喜欢“买办”文化，上海500强企业众多，当地人喜欢进入世界500强工作，每天喝咖啡，人生优先级也是先买房和车，创业是有风险的事，不被大多数人接受。

认识太太后，张俊在上海买了房安了家，在外人看来，人生刚刚步入正轨。这时候出来创业，家庭方面会有不小的压力。因此，对于好朋友顾少丰的辞职创业之举，张俊并不敢贸然效仿，只能在工作之余兼职做些帮衬。

2005 年，顾少丰从微软离职，开始做自己的第一个互联网项目 igooi.com。这是一个书签网站，可以保存很多互联网链接。做了小半年之后，他接触了一些 Web2.0 公司，试验了一些 Web2.0 理念，开始将兴趣转向博客。

顾少丰对博客并不陌生，身边有很多朋友都在写，自己也在两年前写过博客。不过他发现，身边已经有太多的博客网站，似乎很难成为创业的切入点。

此时，他注意到了博客的一种新形式——播客（Podcasting）。2004 年 10 月，播客才刚刚开始在美国出现，可是短短时间内，它已经迅速地在一些人群中蔓延开来。出现初期借助于苹果公司的 iPod 便携播放器和相关软件，网友可将网上的音乐或广播等数码声讯文件下载到自己的 iPod、MP3 播放器或其他便携式数码声讯播放器中随身收听，或是将自己的声讯文件上传到网络上与他人共享。

更重要的是，这样一种自由传播自己的声音的形式和 2005 年风靡全国的“超级女声”非常类似。此外，这一形式还有机会与即将上马的中国 3G 相结合，从而成为一种新形式的无线互联网服务。

“超级女声”的火爆，证明了通过表演的形式可以带来海量流量。顾少丰因此受到启发，开始筹备一个视频网站。主要功能为视频搜索，把网上的信息做一个聚合。

2005年10月，顾少丰开发出博客社区菠萝网(www.podlook.com)并上线。之所以叫菠萝网，主要因为它和“播客搜罗”谐音。菠萝网投入并不大，服务器、办公设备和办公地点等等一共才花了10万元不到。发展了一段时间后，菠萝网上已经有26000个播客频道，节目接近10万个，其中80%的节目是音频类的，20%是视频类的，还有一些flash格式的。

一开始，顾少丰是单打独斗，技术开发与平台维护都是自己来，但是他很快发现人手不够用了。于是在2006年，他拉来了好朋友张俊做合伙人。此外，还有一些朋友也抽空在这里兼职。团队的成员一般身兼多职，负责平台的维护、媒体的合作以及应对投资者等工作。

“最主要的是我们这个团队很多人是不拿工资的，比如我，比如那些做兼职的朋友等，这其实是一个创业网站最大的支出。如果不是这样，我们的支出起码要翻几番。”顾少丰回忆。

2006年年初，胡戈创作的视频短片《一个馒头引发的血案》很快传遍整个网络，并迅速掀起了一股视频恶搞的风潮，把视频分享理念传至互联网的每个角落。

随后，德国世界杯足球赛首次允许互联网播报世界杯足球赛视频内容，使得网络视频产业商机初露，加速推进了视频互联网的发展，网络视频引起业界广泛关注。世界杯足球赛成为视频产业推动内容服务和挖掘新的收入增长点的催化剂，很多新兴的媒体都尝到了网络视频所带来的甜头。

这是一次走在时代风口浪尖的尝试，与菠萝网同期的视频网站只有土豆网。很快，菠萝网的月 UV（独立访问用户数）突破百万，并被媒体评为“中国最有价值 Web 2.0 网站之一”、“中国最佳互联网网站百强”。混迹播客的人，也很少有人不知道菠萝网了。

随着播客纷纷涌向菠萝网，也开始不断有 VC(风险投资)找上门来。但是当时顾少丰却对资本的参与有着诸多顾虑，一方面是支出尚在可控范围之内，另一方面担心资本的进入会影响到网站的发展方向。

菠萝网运营渐入佳境之后，顾少丰开始思考起盈利方式来。当时网站有很少的一些广告收入，顾少丰本人则通过为一些新起步的网站做平台咨询和开发等赚点外快，但这毕竟不是长久的办法。后来，他还尝试与手机和 mp3 厂商联系合作，通过为其提供下载内容来获取一些规模性收入。

不过视频网站接下来的发展速度，有点出乎顾少丰等人的预料。YouTube 凭借在全球所聚集的人气，以及 Google 在 2006 年 10 月对其 16.5 亿美元的收购，成为了中国互联网行业的新偶像。这进一步坚定了创业者对视频网站的热情，视频网站很快成为新的淘金热土。

一夜之间，国内视频网站大量涌现。土豆网、播客中国、播客天下、中国播客网、六间房等国内近 200 多家网站热火朝天积极效仿、复制 YouTube 模式，满怀喜悦憧憬未来。当时国内主流的门户网站和搜索引擎也盯住了这块市场，新浪网、搜狐、TOM、QQ、百度亦相继推出了自己的视频业务。

然而，大部分视频网站此时并没有找到清晰的赢利模式。内容良莠不齐，遭遇到版权和监管之忧，再加上数量的激增，直接导致了视频网站之间的竞争加剧。顾少丰的感受，一是监管严格，工商今天会来察看你，广电会来察看你，宣传部会找到你；二是做视频实在是太烧钱了，视频网站最终活下来的只有几家而已，这种情况下，视频搜索聚合价值有限。

在张俊看来，视频网站还有更大的隐忧，就是社会价值的模糊。播客的形式更容易产生内容审核的问题，因为音频和视频内容很难通过机器去过滤，只能人工过滤，这是一个非常庞杂的工作。

“大家做视频的时候发现了一个特别有趣的现象，人们到我们的网站上搜视频、检索视频，如果拿关键词的门类来看的话，排在第一的永远跟娱乐八卦有关的，排在第二的是跟色情有关的，第三个基本上跟政治沾边。我们做的这个事情就感觉是人们吃饱喝足了之后一个特别娱乐的事情，对人们来说是锦上添花的事情，没有解决用户和社会的真正需求。”

正是这种情绪，让他们开始寻找新的创业机会。

尤努斯的启迪

“你是谁？你从哪里来？要到哪里去？”这是哲学的三个终极问题，每个创业者亦必须针对这三个问题给出自己的答案。

网贷作为一个全新的行业，没有太多可以直接“拿来主义”的经验，使命感与信念就显得格外重要。

在《2014 创始人的信：相信、变革与执行》中，张俊写下了这样一段文字：“首先，拍拍贷将继续保持‘相信之心’。”

“世界上有很多人聪明的让人嫉妒，勤奋的让人咂舌，强大的让人无法直视。而我们，在这些方面，都不是最牛的人。但是，我们拥有一颗相信之心，我们相信自己的事业和选择，我们还要一直坚持这样的信念。相信不能保证你的成功，但至少相信能让你所有的精力和能力都空前集中，少些彷徨，少走弯路，平凡人才会成就不平凡的事。其实，成功不外乎是因为你心中是否有信念，以及是否有坚持下去的勇气。我们从不曾怀疑拍拍贷是在做一件伟大的事业，我们可以给用户带来价值，我们可以改变中国，我们可以成就自己，我们可以成就他人。”

那么，找到了“信用改变中国”的伟大事业的拍拍贷，信念究竟来自何方？

这个世界上存在很多偶然，无意间播撒的种子，最终却长成参天大树。一些毫不起眼的瞬间，或许会改变我们的生活，甚至某些人的人生轨迹。2006 年，就存在这么一个不起眼的瞬间，在中国开启了一个全新的行业。当时，在运营一个视频网站的顾少丰，正纠结于自己创业项目的社会意义。偶然间，他在网上看到一条新闻：尤努斯教授获得诺贝尔和平奖。

北京时间 10 月 13 日下午 5 点，瑞典皇家科学院诺贝尔和平奖评审委员会宣布将 2006 年度诺贝尔和平奖授予孟加拉国的穆罕默德·尤努斯（MuhammadYunus）及其创建的孟加拉乡村银行（也称格莱珉银行，GrameenBank），以表彰他们“自下层为建立经济和社会发展所做的努力”。他们将分享 1000 万瑞典克朗（约合 137 万美元）的奖金。

“要实现持久的和平，除非人们找到对抗贫困的办法，小额信贷就是这样一种办法。下层民众的发展有助于推动民主和人权。”这是评审委员会给出的获奖理由。

或许，情怀对于一些人只是狗血的遮羞布，而对另外一些人却是值得坚持的信仰。很多创业者都以情怀包装自己，却只是为了沽名钓誉，根本不在乎项目本身的社会意义。对于学者出身的尤努斯而言，却难能可贵地做到了知行合一。以银行家和经济学家的身份获得和平奖，这在诺贝尔和平奖历史上确实非常罕见，让很多热衷于预测的人们大跌眼镜。

尤努斯出生于孟加拉国，在美国范德比尔特大学获得富尔布赖特奖金，并获得经济学博士学位。在返回孟加拉吉大港大学经济系前，他还在中部田纳西州大学任经济学副教授。在美国读书、教书的尤努斯，始终无法忘却同胞的苦难。

“我是教经济学的，我的梦想就是让人们有更好的经济生活，于是我常常扪心自问：我在教室里所讲授的课题到底有什么实质的好处？因为我教给学生的全都是一些关于经济学的理论，而当我真正走出教室时，看到的却是人民深重的灾难，骨瘦如柴的人们奄奄一息，整个国家都陷入了困境。所以我一定要走出大学校园，到村庄中去，这些都发生在1975 年。”尤努斯曾这样介绍创立格莱珉银行的缘由。

20 世纪 70 年代初，刚独立的孟加拉国千疮百孔。解放战争中巴基斯坦军队造成的破坏，再加上洪水、干旱和季风的摧残，使数百万人陷入了绝境，饥荒也接踵而至。

据尤努斯回忆，当可怕的饥荒在教室外肆虐时，他发现自己越来越难以在课堂上讲授优雅精致的经济学理论。他忽然感到传统经济思想在面对毁灭性的饥饿和贫困时，竟显得如此孱弱无力。

在吉大港大学旁的乔布拉村，尤努斯目睹了穷人们为了挣得养家糊口所需的那点儿钱所付出的艰辛努力。特别是当尤努斯发现一名妇女从一个放贷商人那里贷了仅仅 5 塔卡（约合 10 美分）时，他感到十分震惊。这名妇女用这笔微不足道的钱去购买竹子，用来制作凳子出售。但这类贷款的利率高达每月 10%，甚至每周 10%，更糟糕的是强加在这笔贷款上的特殊条件：她必须将所有产品以放贷者制定的价格卖给放贷人。

在尤努斯看来，这 5 塔卡的贷款实际上将这名妇女变成了一个奴隶。

不管她如何努力工作，她和她的家庭都永远无法摆脱贫困。

为了了解这个村子到底有多少人拥有此类贷款，尤努斯制作了一份借款人员名单。这份名单共收录了42名借贷者，他们从放贷者那里共借款856塔卡，以当时汇率计算约合27美元。这么少的钱却制造了这么多苦难，这听起来实在太荒唐了！

为了将42个借贷者从放贷者的束缚中解放出来，他自掏腰包为她们还清了借款，这个小举动在村子里引发的兴奋，深深触动了热血的尤努斯。

接下来，尤努斯试图说服银行向穷人发放贷款，但遭到了银行客户经理的明确拒绝。理由非常明确："穷人没有资格获得银行借款。他们没有信用。"

尤努斯没有放弃，他想出一个主意，主动提出做这些穷人的贷款担保人。银行经过很长时间的考虑后同意了这个提议。1976年年中，按银行的要求在所有贷款担保文件上签名之后，尤努斯开始以非正式银行家的身份向村里的穷人发放贷款。

为了让贫穷的贷款人可以轻松偿还贷款，尤努斯想出了一些方法，比如让人们按周分期偿还贷款；让银行高级职员造访村民，而不再让村民去银行找他们。这些方法很有效。人们都能按时偿还贷款，每次都是如此。

1983年，在当时的孟加拉财政部部长的支持下，尤努斯成功创建了一家致力于服务穷人的银行，即格莱珉银行，或是孟加拉语中的"乡村银行"。这被普遍认为是全球第一家小额贷款组织。

之后，这种新兴的银行业务很快得到了民众的支持，业务渐渐发达，为发展中国家的农村银行信用模式提供了很好的借鉴，有 23 个国家仿效格莱珉银行模式建立了自己的农村信贷体系，中国也在其中。

如今，格莱珉银行已经成为一个能为孟加拉每个村庄的穷人提供服务的全国性银行，其中 800 万名贷款者中 97%是女性。格莱珉银行在其他方面也与众不同，它实际是由贷款人拥有的银行。格莱珉银行每月贷出免担保贷款 1 亿美元，平均每笔 200 美元。尽管是集中贷款给那些最贫穷的人，但还款率仍高达 98%左右，而这些人仍然被那些传统银行认为是没有信用贷款资格的。

格莱珉银行甚至曾贷款给乞丐。他们利用这些贷款从事玩具、家庭用品、食品等商品的销售工作，在他们挨家挨户乞讨的同时推销这些商品。尤努斯发现，与一些人的预料相反，乞丐们更喜欢通过销售商品自力更生，而非依赖施舍度日。

格莱珉银行还鼓励贷款者的孩子上学读书，并为他们提供低利率贷款，以使其能继续接受高等教育。现在，5 万多名学生正通过格莱珉银行的资助在各类大学学习。

尤努斯认为，穷人就像盆栽树。当将最高的树的种子种在一个小花盆中时，它也只会长几英寸高。种子没有任何问题，只是因为你土基不足。在他看来，使穷人摆脱贫困的关键是，创造一个能让他们发挥能力的环境。一旦穷人释放出他们的能量和创造力，贫困就会迅速消失。

“穷人本身能够创造一个没有贫困的世界”。尤努斯坚信，如果把给予富人的相同或相似的机会给予穷人的话，他们是能够使自己摆脱贫困的。事实上，这位一生以帮助穷人为己任的人，从未对乞丐施舍过一分一毫。

“穷人是讲信用的！”这是尤努斯的伟大证明。这最值得称道的是其贷款原则：不用任何抵押，穷人也能贷款；乞丐也能借钱，还不用支付利息。格莱珉银行以保持了多年的盈利记录成为兼顾公益与效率的标杆。

“对于我来说最大的挑战就是改变人们的观念。”除了让那些认为“穷人没有信用”的银行家闭嘴外，他还通过无须担保的贷款，将“自立”的理念植入人们的心中。

在尤努斯的心目中，任何人接受金融服务的要求都不应被拒绝，因为这些服务对人们的自我实现至关重要，某种程度上说，信用应该被视为一种人权。

尤努斯以及格莱珉银行的故事，让顾少丰感觉抓到了些什么，甚至开始有了拨云见日的感觉。当时他所创立的视频搜索网站菠萝网，虽然不缺少商业模式，却恰恰缺少这种能促进社会进步的价值感。

顾少丰立刻找到张俊，兴奋地与张俊讨论尤努斯博士以及格莱珉银行的伟大实验。“当时对我们特别触动的是什么呢？他给这个地球上最穷的国家里面的最穷的一群人放款，给他们进行纯信用的个人贷款。但是令我们特别触动的是，贷款的偿还率非常高，高达 99%。”张俊后来接受采访时表示。

“很多人说中国人不讲信用，我们原来认为，借了钱不还，是不是因为这些人穷或者什么样的原因。向尤努斯借钱的这些人够穷了吧，但是他们偿还率还是那么高，我们中国人信用应该不比他们差，所以看了这个报道之后我们一下子被触动，我们能不能也做一个类似互联网穷人银行这样的东西？尤努斯的报道帮我们把之前的想法串起来了。”

两人开始意识到，有个从未被涉足的领域正等待着人们去探索。

梦想的价值

在菠萝网的创业过程中，发生了很多事情。

2006 年 10 月 10 日，Google 正式宣布将以价值 16.5 亿美元的股票收购私人持有的在线视频共享网站 YouTube。中国的创业圈为之震动，无数的大公司进入视频领域。这对于坚持“不烧钱”模式的顾少丰和张俊来说，带来了不少冲击。

看着自己创办的、发展势头还不错的菠萝网，两人总感觉多少有些别扭和迷茫。一个声音在不断叩问他们：视频网站会对世界产生怎样的影响？这个行业能够给社会带来多大的价值？

“如果内容是海量的、很难聚合的，视频搜索的价值才得以体现，如果内容集中在几个特别大的公司，搜索的价值就打了折扣。”而顾少丰认为，当时 UGC（用户原创内容）生产的内容并不是特别丰富和成熟。此外，搜索视频是一个娱乐化的东西，视频业务虽然有赚钱的潜力，却与创业初衷南辕北辙。他开始寻找其他更加严肃的创业主题，希望能触及更广的边界。

张俊认为，创业者需要找到自己的“初心”。“毫无疑问，视频肯定是有‘钱’途的行业，但却非我们之所愿。我们爱钱，却不以个人财富为第一目标；我们希望我们不是商人，虽然不得不先要做个成功的商人。我们想做一家百年老店，做一家可持续发展和经营的企业，你要持续的发展，要有持续的商业价值。什么样的商业形态能够产生持续的商业价值？我认为是能够不断地建立社会价值。建立这个基础之上，我们认为这个才会有持续的商业价值。”

从这时起，理想主义情怀开始在他们心中萌芽。中国的创业者很爱讲情怀，但“情怀”二字也经常被滥用。有的人打着情怀的旗号是为了干点坑蒙拐骗的事，有的人空有情怀却不能埋头苦干，还有人放弃独立思考，什么热就跟风什么。两人不想成为上述中任何一个。

在寻找下一个创业主题的过程中，保健品电商等各种新鲜事物，都曾进入过他们的视野。但最后，无意中看到的尤努斯教授获得诺贝尔和平奖的报道，将过去所有的点点滴滴，瞬间连成了一条线。

通过互联网做小额贷款，这样既可以帮助需要资金的人改善生活、改善经营、实现梦想；又可以帮助投资的人获得报酬，获得助人之乐；还可以让不诚信的人得到惩罚。这意味着可以通过为大家服务来创造社会价值。更妙的是，这件事融合了商业与公益，是通过商业手法推动公益发展的好事情。

张俊与顾少丰开始深入研究尤努斯教授的故事，以及格莱珉银行的运作模式。尤努斯博士的格莱珉银行是基于线下模式，而 IT 出身的两人却期望能够结合自己的背景，找到跟互联网相结合的模式。

他们很快发现，在遥远的英国，已经出现了类似的机构。2005年3月，一家名为 Zopa 的网站在英国开始运营，提供的是点对点社区贷款服务。

Zopa 是世界上第一家网贷公司，或许也是最早的互联网金融平台，其诞生比美国同类公司早出一年。

Zopa 意为“可达成协议的空间(Zone of Possible Agreement)”，也可译成网上互助借贷公司。作为世界上第一家网贷公司和网络小额贷款平台，Zopa 对出借人和借款人都作了明确规定，比如客户实名认证、考察信用评级、强制借款人必须每月按时还款等。同时，Zopa 还规定出借人必须在 18 岁以上，而借款人则要年满 26 岁，借贷双方还必须有 3 年以上的良好信贷记录。根据相关规定，借款人一次可以借出 1000 至 15000 英镑额度的款，借贷期为 3 至 5 年，利率则由借贷双方自行商定。

“我们的口号是：摒弃银行，每个人都是自己的主人，都可以拥有更多的信贷交易。” Zopa 的发言人曾经如此宣称。

网上借钱的手续并不复杂，注册登陆后可选择进入借款界面，缴一定的手续费后，即可借到自己需要的金额。有不少用户通过 Zopa 借钱，顺利渡过资金短缺的难关。伦敦“社会前景展望”调查公司的统计数据显示，78% 的 Zopa 客户认为网贷平台有助于自主创业和打破资金短缺的瓶颈，超过 80% 的贷款人和 72% 的借款人对 Zopa 平台的风险控制表示满意。

这种商业模式看起来近乎完美：借款的平均支付利率为 5%，低于传统银行等金融机构。出借者则需要缴纳其借出金额的 1% 作为服务费，出借人平均净收益率为 5.5%，这一数字要远远高于银行的存款利率。因此，这对借贷双方都是“双赢”。

然而，网贷在英国的发展并不迅速。据媒体报道，截止到2014年初，Zopa成员之间的借贷额刚突破4亿英镑。与Zopa模式类似的公司后来在英国还有几家，发展均不如人意。对于保守的英国人而言，网贷的模式还是存在着较大的金融风险和隐患，有人对网络这个虚拟的空间不放心，许多人更是表示不会到网贷公司去出借或贷款。

尽管Zopa当时在国外也没有被广泛接受，但顾少丰和张俊认为像Zopa这样，为投资者与借款者之间提供一个信息交互的平台，正是自己想做的事。

回顾平台型互联网公司的发展历程，我们可以发现，每次在关键产品或技术在实现突破之后，平台型互联网公司往往能够利用领先优势快速扩大双边市场的客户数量。加之，互联网产品几乎可以“零边际成本”扩张的特点，让竞争和对比变的简单直接，也容易实现优秀平台对市场的“天然主导”。因此，随着扩展的范围越来越大、服务的客户越来越多，平台逐渐成为了新的商业基础设施。

“在我们的想象当中，这是一个挺完美的东西。”顾少丰后来了解到，2006年美国出生的Prosper也是类似的模式，便开始尝试把它当成一个主要的方向，希望能够做一个金融版的淘宝或者eBay。两人的想法很简单：“还是想做一个平民化的，有交互式的，海量人群可以参与的平台，但是要拥有一个更出色的扩展性。”

商品市场出现了淘宝和eBay这样的平台型公司，如果跟金融结合会是什么样子？张俊与顾少丰开始在这个方向做了大量的研究。

平台上的投资人从哪来？张俊首先想到，中国没有太多投资的渠道，张俊和他身边的朋友们，个人的投资需求其实是很旺盛的。2006 年股市开始有了起色，到 2007 年，中国股市已经到了很疯狂的程度，甚至有人在工作时间交易股票。这在某种意义上来说，其实是人们投资渠道匮乏的一个缩影。

借款人上哪找？这个简单，中国有那么多创业公司和小微企业有融资难的问题，顾少丰本身也是个创业者，当初还有一个很天真的想法，即建立一个自己也能用的平台。

在美国，有一个词叫“金融技术”（Financial Technology），技术能让很复杂的事情变得简单，就像苹果公司让智能手机变得简单易用了一样。金融非常复杂，互联网的目标就是将它简单化。顾少丰和张俊理想中的业务模式，是一个中介平台，不会那么深的介入交易，把有钱的人跟那个需要钱的人撮合起来，将来还可能通过连接做各种各样的服务。两人设计了这样一些切入点：

其一，从业务逻辑上来看，平台操作简单，只需要做撮合、汇款、备案。

其二，从征信方面来看，费用低廉，且风险较小。出借人对借款人知根知底，根据经验对其授信，征信费用几乎为零。

其三，从交易佣金来看，只要熟人匿名借贷，交易就自然发生。

其四，借贷双方自主协商利率，利率市场化，正因如此，借款人将比在其他平台付的利率更低，出借人获的利率更高。

其五，在双向匿名模式下，出借人可以看到一个名单，借款人是其中之一，但出借人无法确定究竟是谁发起了借钱请求。

有了思路之后，他们还面临另外一个问题：顾少丰和张俊两人都是技术出身，在金融方面完全是门外汉，还有点担心这个东西在国内有没有法律风险。这时，顾少丰想起了他高中时期的同学胡宏辉。

顾少丰和胡宏辉是高中同学和好朋友。胡宏辉的学习成绩也很优秀，同年考入上海交通大学学经济管理。毕业之后，胡宏辉进入中国工商银行信贷部门工作了一段，随后又自学法律转行为律师，专攻经济、金融方面的案件。

2006 年，胡宏辉正在国内一家著名的律师事务所担任律师和高级合伙人。如果能把他拉来，那我们就不止有了懂金融的，连懂法律的不也一并有了？顾少丰这样想着，马上联系了胡宏辉。

在听了尤努斯的故事、Zopa 的模式，以及顾少丰和张俊两人对网贷的见解之后，胡宏辉被两人颇具理想主义的创业想法所打动。相比张俊和顾少丰，胡宏辉确实更加熟悉金融行业，然而实际情况是，他在工商银行做的并不是风险管理，对网贷也完全不了解。不过，对于老哥们的邀请，胡宏辉根本没法拒绝。

研究了相关法律之后，胡宏辉得出了一个结论：这类个人对个人的借贷，国内既没有说不合法，也没有法律规定这个业务可以做，目前还是一个空白地带。于是，说干就干，几个人凑钱成立了一个创业基金，正式开始筹备中国自己的网贷平台——拍拍贷。

“一切都很美好，行动却很艰难，风险又是无穷大。因为我们想要改变的是一种金融生态，类似荷兰人创造的股市，开天又辟地。我们行吗？”张俊此后提到创业的初心时，依然既兴奋又害怕。

线下模式 VS 线上模式

在经过接近 1 年时间的研究和紧张准备后，拍拍贷网站于 2007 年 6 月 18 日正式上线。

开始做拍拍贷的时候，社会上根本没有互联网金融的概念，张俊、顾少丰他们花了很多时间设定一些基本的规则，以及具体如何执行。最为纠结的问题是，这项业务风险特别大，没准还存在法律风险。胡宏辉的加入带来了很大帮助。

早期团队只有 IT 的背景，缺少金融的背景。不过顾少丰相信，这一劣势在后来的创业进程中，会成为一个大的优势。信用或者金融本身在未来都可以数字化，数字化的东西意味着可以用 IT 技术跑出来。

对于如何切入的问题，张俊和顾少丰选择了一个社交相关的方向。当时 Facebook、人人网、开心网刚刚发展起来，有了社交化的方向。几位创始人也想到把朋友们连接在一起，这样风控似乎可以少做一点。所以拍拍贷的雏形就是建立起一个社交网络，有的朋友需要借钱，有的朋友有闲置资金，可以通过这个网络做一个连接。

然后，创始团队开始建立一些评估体系，最早的时候是闭门造车，尽量避免外部的人进入。“当时也不知道未来会发展成什么样子，所以一直在熟人圈里面跑，希望能将模式打磨成熟。”

几乎所有创业公司，第一轮获客都从杀熟开始，拍拍贷也不例外。其实这是有一定道理的：如果连身边的人都吸引不了，或者不能说服他们来使用，那说明产品本身可能就是不行的。

“当时有个朋友想买辆车，已经准备去汽车金融公司贷款了，我说服他不要贷款了，来这边试试。”顾少丰的朋友当时想买个 20 万左右的车，是资金的需求者。

而在供给方面，几位创始人都在一线城市，身边的朋友多少会有一些闲置资金。“这个单子挂上后，再跟朋友去推荐，其实很多朋友都清楚大概是怎么回事。朋友之间有时候拉不下面子来说借钱这个事情，挂上去很快就可以用这个方式解决。”

除了拉周围的朋友来体验，顾少丰想到菠萝网还有一定的用户基础。实际上，视频搜索网站和网贷，两类业务的用户并没有太大的相关性。不过慢慢地，拍拍贷采用邀请制的方式，拉了一批种子用户，然后请他们逐渐邀请朋友加入，作为最早的扩散方式。

在当时风靡的社交网络上，譬如人人、开心一类，已经有了各种关系网络，还有相互各种各样的评价功能。顾少丰认为可以很清楚地分出人与人之间的关系，同学和朋友之间有几重关系，每种关系有权重，权重会影响到信用评分，然后可以相互评价，可以显示出来。

拍拍贷当时在投标的时候，也会做出几度关系的提示。譬如，有人发了一个标，我准备投标。如果我是他朋友的话，会有一个明显的标记。

朋友的朋友，两度关系，可能会比较紧密。后来三度关系就不做了。当时看到一个标，会发现一个标里面好多可能都是朋友以及朋友的朋友在参与，也就是说陌生人不是特别多，一开始也没有很强的信用体系，大伙儿都弄着玩，只有少数人会投。如果发现某个标有很多朋友在投，不少人就会自发地去跟投，也会看各种评价。

总之，拍拍贷的业务刚开始是一个挺好玩的东西，像一个种子一样，慢慢向外生长。当时拍拍贷是完全免费的方式，大家都不清楚未来产品的形态，更多是先跑着试试看。最早的尝试，就是基于熟人社会之间的借贷需求，为大家提供一个平台。

顾少丰心中更深的逻辑，是所有的东西都可以数据化。实现数据化，拍拍贷交易就可以成为人信用的一部分，而不仅仅是借贷关系本身。之前的金融体系不在乎这些东西，这是网络时代才能实现的新的机会。如果把时间向前拨十年，根本没有数字化的机会，看不到人们数字化的信息，交易信息也是看不到的。因为在此之前，很多人都没有网上交易的习惯，社交信息也是不存在的。

一个人身上存在好多的信息，之前虽然存在，却没有数据化。但随着互联网时代的到来，无论是政府信息的开放，还是互联网信息的聚合，逐渐数据化都是巨大的趋势。拍拍贷创始时，社交网络方兴未艾，网上信息开始集中，为其业务数据化提供了很好的基础。

不过，理想很丰满，现实很骨感。到了真正着手去做的时候，张俊等人才发现知易行难，自己掉入了一个大坑。

由于借鉴了尤努斯穷人银行的“五个人编成一个小组，五个组编成一个 center”的思路，熟人借贷业务成了拍拍贷最先尝试的模式。这种模式下的拍拍贷并不是一个开放注册的网站，而需要熟人间通过链接推荐，新顾客才能注册成为拍拍贷会员。

拍拍贷早期希望通过把朋友关系搬到线上的方式，降低借款的违约率，或出现违约时能通过熟人关系网找到借款人。这种想法看起来很美，然而几个月后，这个依靠熟人发展业务的方法被证明无法走通，因为熟人间的借贷看重快捷，如果转至拍拍贷上则要进行平台注册、借出方充值、借入方提现等一系列操作，并不符合熟人间借贷的预期与习惯。

此外，熟人借贷还会面临诸多难解的难题。首先，借款和投资难以平衡，熟人借贷的模式，是一个低频率使用的场景，且每个人的熟人圈层是有限的，构不成持续的投资。其次，圈层是有分化的，圈层的借款和投资理财需求也不平衡。比如白领的熟人朋友还是白领，白领圈层普遍是理财需求大于借款需求，而社会底层人群更多是借款需求大于理财需求。

熟人借贷的路线走不通，创始团队决定将拍拍贷转向开放平台模式。在这一模式下，有借款需求的客户向平台提交个人信息、借款用途等，拍拍贷在审核资料真实性、判定违约风险后，将通过平台审核的信息发布在网络平台上，然后有投资需求的用户可以在诸多借款人中挑选，进而判断把自己的钱借给谁。

审核资料与判断风险的工作并不轻松。由于央行的征信系统尚未向网贷平台型公司开放，团队中除胡宏辉有一些银行信贷的工作经验，其他成员对于如何判断拍拍贷借款人是何方神圣、是否会产生违约风险，几乎一无所知。

腾讯内部流传过这样一个笑话：QQ 的通信协议最初是不加密的，协议脆弱，明码传输，如果有黑客要捣乱，可以任意地调取用户的资料。后来马化腾发现这是个问题，便命程序员黄业均开发加密软件。两个多星期过去了，马化腾想看看程序写到哪个阶段了，于是跑去找黄业均，黄业均正好出去打球了，不在座位上，桌子上倒扣着一本名叫《加密原理》的书籍。马化腾拿起书，翻过来一看，不禁大惊失色——黄业均正在读第一章第一节，标题是“什么是加密”。

坐在旁边位子上的另一名员工目睹了这一场景，后来接受访谈时笑言：“创业前几年，我们所有人都是边学边干，现在回想起来，有点后怕，不过在那时，觉得就应该是这样的，不然还能怎样？”

边学边干是所有创业团队的常态，拍拍贷也不例外。没有金融知识，张俊决定去考了个 CFA 金融分析师认证；找不到风险评估的方向，他们决定用最笨的办法：当面考察。对于上海本地的用户，他们通常会自己实地去看一下、见面感觉一下借款人有没有问题；对于外地的借入资金客户，则发动当地的朋友、熟人帮他们去看一下对方的情况，或者鼓励同城借款、依靠用户自己去判断风险。

决定借用银行的线下考察模式后，几个合伙人挨家挨户亲自跑业务。为了方便考察，拍拍贷最开始的借款人几乎都锁定在上海及周边地区。

“那时候我们满上海地跑，每天最多也就能看五六个借款人，还累得半死。”张俊回忆道。当时张俊等人还未全职，就会想办法把周末的日程排满，尽量多见一些借款人。

“当时我们不仅会以传统的视角观察用户，比如对方的毕业院校、谈吐等，还会尝试一些自己想象的、在今天看来很奇特的标准，比如说，对方签字时看他字写得漂不漂亮、落笔是否坚毅，这些听上去挺玄的，但自己总还觉得有一些道理，或者未来的某一天会证明有点道理。” 胡宏辉回忆。

几位创始人都抱着一种诚惶诚恐的心情在积累经验，尝试过很多“奇葩”的方式。星座归类、要求借款人发送视频等方式他们都试过，张俊甚至还辗转找到一些“混社会”的朋友，请教如何判断一个人的经验。

线下考察也没做好的惨痛教训比比皆是。有位借款人是一位退伍军人，工作于上海图书馆，他希望从拍拍贷取得融资以开设淘宝店。出身于军人家庭的顾少丰立刻对这位借款人产生了天然好感，张俊在实地考察了其工作单位后，也觉得对方工作稳定，是个一个整天浸泡在知识海洋里的人，不仅没什么不良嗜好，同事评价也很高，其父母还在上海有房子，应该会很靠谱，很快就让其通过了审核。但到了还款日，两个人却傻了眼，因为这位靠谱的借款人已因聚众赌博被公安机关拘役。

在业务发展的早期，也曾经发生过很多好玩的故事。有个福建的漂亮女生来借款，说是要为奶奶治病。福建是一个常被地图炮击中的地方，怎么看都像是假的。后来她又去了西藏，在那边找了个男朋友，后来又去了成都，再次借款的原因跟结婚相关。后面还是借了，结果也还了。

有的人第一印象非常不靠谱，初次见面会有不信任的感觉，后来却能够按期还款。有一次，他们碰到一个陕西的小孩，二十岁出头，借了钱之后有半年毫无音讯，后来回来把钱还掉了。原来，她是去了大山深处的某家兵工厂工作，出于保密的要求不能与外界联系。这个人当时已经让几位创始人绝望了，后来却峰回路转，发现人都有善良的一面。

还有的人甚至让张俊等人发出“活久见”的感慨。综艺节目《超级女声》火的时候，有个借款人突发奇想，想将自己耍双节棍的场景拍成视频，然后去卖钱；还有借款人决心要造一辆太阳车，于是买了一辆很丑的车，然后不停地改装，然后就没有然后了，也不知道这辆车后来成了什么样子，只是资料库里还能找到当初的照片。

就这样，整整有大半年时间，张俊等人都奔忙在考察客户的路上。此时张俊已经想明白，线下逐个考察用户的方式不仅无法推广，也不是长久之计。

线下一个个地见借款人，不仅效率很低，结果也经常大跌眼镜。一些看起来非常靠谱的人，反而后来成了老赖。按照张俊等人最初的理解，公务员诚信度大体会高于普通白领，但几笔与公务员相关业务做下来，这个群体的诚信率却让人大跌眼镜，公务员违约概率不仅明显高于普通白领，甚至高于无业者。

瞠目结舌之后，几位创始人苦苦思索后终于找到了答案——公务员本应是很受银行欢迎的客户群，但放弃银行低成本借款而转向拍拍贷寻求高成本借款的公务员，可能已经在银行留下了信用的污点，反而属于信用较差的群体。

在几位创始人看来，其实网贷不仅仅是冷冰冰的资金的周转，背后还有很多故事。甚至完成了很多价值的传递。不过伴随着业务的发展，终于有一天，几位创始人开始没办法细看每一个标。网络上存在很多骗子，平台最好想办法不断优化系统，冷冰冰地把骗子去掉。

艰苦的线下考察岁月持续大半年之后，2008 年，几位创始人再次开会探讨，决定拍拍贷必须回到线上。

这次讨论搞清楚了一个对于网贷至关重要的问题。之所以从银行难贷款，一方面是因为中国抵押文化浓厚，然而很多急需资金的借款人并没有房车等抵押资产；另一方面，线下风控需要专业而强大的团队运作，用这样的团队去考察50万元以下的小项目，从资金和精力上根本就是得不偿失，于是一大批中小微企业和个人被排除在银行体系之外。

仔细研究后，张俊等人发现这两座大山都可以在线上通过技术手段解决。这一次，他们终于认为自己想清楚了，随后将获得客户的渠道、信用风控、交易、放款等全部流程都搬到互联网上完成。这一模式一直延续至今。

搬到线上后，拍拍贷也从熟人借贷慢慢转向陌生人借贷。拍拍贷后来做了一个调查：亲朋好友之间的借贷，90%以上没有借条或者欠条；80%以上会发生逾期（未按约定时间归还）；25%以上会出现全部或者部分坏账；12%左右的借款最终会损害亲情或者友情。与其相比，陌生人反而更能遵守契约。

线上模式也更有利于他们发挥原来做视频搜索时，所积累的技术功底。多年理工科背景积累的关于计算、模型的思路后来也帮上了忙。拍拍贷创业团队开始琢磨，拍拍贷积累到足够多的样本后，能否建立数学模型，对今后的借款人违约概率进行系统性判断计算。

在客户数据过万后，拍拍贷开始着手建立信用评估模型。模型最初运用的判断标准来自于几位创始人积累下的经验假设，比如假设已婚的借款者通常比未婚的信用程度好，有小孩的会比没有小孩的信用程度好，女性比男性信用程度好，学历越高信用程度越好，有房一族信用程度偏好等。

模型会通过这一系列的经验假设为后来的借款者逐个打分，再以借款者是否还款对模型假设条件进行修正。不断扩大的用户群也让模型的评判标准日益丰满，比如客户上网的 IP 地址是否超过了三个、IE 的版本、在网上提交信息前是否有更改、填写平台注册信息的时间长短等等行为数据也被纳入了模型考量范围。

“我们每天都在不断扩大样本与数据的来源，然后去建模分析，哪些因素与信用存在正向或者负向相关，然后再改善模型的打分系统。基本上每三到四天，我们就会有一个修正版出来。”张俊称。

对于为何不愿推广线下模式，张俊的理解是，线下模式虽然可以通过一个闭环来控制业务量与利润，但长远的发展空间会相对受限。而线上纯平台的概念能够形成更长的价值链及更广阔的商业圈，也因此能实现价值最大化。互联网公司中真正的强者如腾讯、淘宝，都是按照纯平台的模式在运营。

其实拍拍贷并不缺少推广线下合作的机会。2013 年 12 月，中国小额信贷联席会曾组织了 80 余家小贷公司赴拍拍贷参观，不少参观者当时就向拍拍贷提出合作意向，但张俊至今尚未点头。

张俊曾经旗帜鲜明地表示，“也许以后会与优质的小贷公司少量合作，但这绝不会是拍拍贷的主要业务模式，因为我们要做的是平台不是渠道。”

而直到 2015 年《网络借贷信息中介机构业务活动管理暂行办法（征求意见稿）》以前，线上模式都不是网贷行业的主流。事实上，大多数后来出生的中国网贷公司都与线上模式渐行渐远，纷纷放弃独立的、提供撮合服务的纯线上第三方平台模式，转向为线上线下结合、为借款人提供担保或资金兜底保障的模式，其间明确表示不做线下业务的只有拍拍贷一家。

有趣的是，红岭创投董事长周世平曾经是拍拍贷的早期用户，而他体验之后，得出的结论是这种模式行不通。在他看来，拍拍贷的网络形式的投资人转化率比较低，所以设立线下体验店是必须的。另外，很多投资人还不理解或者不太接受网上投资方式，体验店是一个市场培育的过程，红岭创投当时曾经计划开设300家线下体验店。

就连规模很大的陆金所，对线下这块也没有放弃。据了解，陆金所的每笔贷款都有3个机构合作：借款人到“深圳市信安投资咨询有限公司”(又称“平安易贷”)的门店提交申请资料，门店将资料上传给担保公司，后者接入征信系统进行信审，并以陆金所的风控模型作把关，最后由陆金所放款。

拍拍贷则始终认为，线下获客主要是风险控制存在问题，而且都是个案处理，整个环节很多人参与，服务人员的成本很高。种瓜得瓜，种豆得豆，不同的运营方式呈现了不同的结果：这些网站的单笔金额都是几十万，比拍拍贷的平均单笔金额高了很多，这不仅导致了很多金字塔外的人群无法覆盖，借贷人还需要承担很高的成本，有的甚至高达30%-40%，回头率很低。

第三章

存亡之秋

对于创业者而言，常伴左右的未必都是光荣与梦想。实际上，辛酸与无奈才是常态。

网贷作为一个新兴行业，需要面对更多的不确定性。对于作为行业拓荒者的拍拍贷而言，十年的征程并非坦途，而是一条光荣的荆棘路。

破釜沉舟

张俊把拍拍贷与网贷行业的发展划分成这样几个阶段。

“从2007年到2008年年底这一年多的时间，我们基本上都在探索，没有找到一个特别明确的方向。当时做了很多，包括朋友之间的借贷，包括这种友情模式，甚至在我们的网站推出社交的功能，我们希望用户之间能够成为朋友，以此来进行风险的防控。我们最后还尝试过线下，但是发现要培养线下的风控人员是需要花相当的成本，而且如果你要覆盖全国的用户需要大量的人、大量的地面设施，整个成本就特别高。

2008年底、2009年初的时候我们决定一定要走线上这条路，然后从2009年我们开始在线上做探索，后来找到正确的方向，到2012年才基本上把这条路走通，然后再从2013年以来进入快速发展的阶段，也在线上迅速建立起了自己的优势。

行业也可以分成这么几个阶段。2007年、2008年基本上没有第二家网贷机构出现，所以那个时候我们一直有个很矛盾的心理，既担心有竞争对手的出现，同时又希望有竞争对手的出现。

担心的心理很正常，我做这件事情，我当然恨不得我成为你们的领导人，恨不得把这个市场全吃了，竞争对手出现自然会有担心的感觉。

同时又期望，为什么呢？因为假如这个市场真正的好，逻辑上应该有新的进入者，但是我等了一年多时间没有进入者，让我们感觉这到底对不对，这件事情对不对。

从 2009 年开始有了一些进入者，他们进入到这个市场，一开始大家还有过一些互相掐架的事情，但是至少这个行业开始有人认可、有人看好。从 2009 年到 2012 年，这个行业每一年都会有一些人进入，但是不多。真正行业进入快速发展，基本上从 2013 年开始。”

张俊虽然经历了这整个过程，但他 2009 年才从微软出来，全身心投入拍拍贷工作。这其实也不难理解：辞职创业，意味着跳出熟悉的循环，探索陌生的领域。一路上的风景固然新奇，却得应对种种意外，承受各种不确定性。

使他下定决心破釜沉舟的原因是，2009 年的拍拍贷已经到了生死关头。

早期的几个合伙人中，顾少丰最早出来全职。他虽然满腔改变世界的豪情，但在苦苦支撑了几年之后，早已不堪重负，之前对于创业路上各种美景的想象早已被现实击得粉碎，内心亦涌起了山穷水尽的感觉。

回顾拍拍贷成立的最早几年，走了不少弯路，业务发展很迟缓，作为行业的先行者，拍拍贷很长时间均处于摸着石头过河，不断试错的状态。这与张俊、顾少丰等人的预期存在很大落差：在千禧年前后成立的互联网公司，倘若模式被验证有效，往往成立三四年之后就上市了。1999 年 5 月，梁建章、沈南鹏、范敏、季琦共同创建了携程旅行网，2003 年已经在纳斯达克敲钟。2003 年 5 月，阿里巴巴集团投资创办淘宝网。

仅仅两年之后，淘宝网超越 eBay 易趣与日本雅虎，成为亚洲最大的网络购物平台，并且开始把竞争对手们远远抛在身后。

认真审视拍拍贷初创时期的资源禀赋，确实可以用草根创业来形容。创业初期，除去资金的因素，张俊等创始人既没有金融经验也没有法律背景。除此以外，当时的中国还处在一个对民间借贷、非法集资非常敏感的时期，更加使得拍拍贷发展举步维艰。

胡宏辉加入后，虽然少了违法的担忧，然而拍拍贷的业务依然不愠不火。最早出来全职的顾少丰，日子过得尤为煎熬。当时为了省钱，连配台电脑都是顾少丰亲自去火车站附近的数码城 DIY，希望在满足要求的前提下尽量节省成本。

客观地说，拍拍贷所专注的网贷业务，出发点与淘宝网的网络购物业务颇有异曲同工之妙。前者试图将资金的供给方与需求方连接起来，后者的业务是连接产品的供给方和需求方。

然而，几个创始人发现，网贷和淘宝的逻辑并不完全一样，其中最大的难题是解决信任问题。从传统文化角度来说，国人本来对借钱就很敏感，虽然民间借贷十分常见，亲友之间手头吃紧、急需用钱的时候，也会相互借钱。然而，借钱始终是一件非常敏感和尴尬的事情，借的人怕欠人情，被借的人怕借了不能及时还，所以民间才有了“谈钱伤感情”以及“谈感情伤钱”的说法。

互联网金融的方式，在当时看来，很难被人接受。网上购物也有信用的问题，2003 年 10 月淘宝网推出的第三方支付工具支付宝，以“担保交易模式”使消费者对淘宝网上的交易产生信任。这无疑是个很巧妙的解决方案，用户的钱押在支付宝，等用户确认后再划拨给商家。钱放在支付宝里面做担保，既解决了网络购物过程产生的信任问题，平台本身又不承担任何风险。

而对于网贷而言，交易的标的本来就是资金，这意味着资金只能单向流动，从供给方流向需求方。担保意味着平台自身需要拿出真金白银，在需求方发生失信行为后由平台来补偿供给方，这种做法不仅会集聚很大的风险，还会产生法律的问题。

除此以外，拍拍贷的业务还存在一个致命的瓶颈，那就是风险控制。当时哪怕在金融以及科技高度发展的美国，也没有可以学习的案例。后来抢先上市的美国 Lending Club，几乎是与拍拍贷同时起步的。没有成熟的对标公司可以学习，拍拍贷只能自己慢慢积累风险控制的经验。

此外，2009 年之前，公司基本没有收入，几位创始人当时不仅不敢收费，也完全不知道该从哪里收费。在中国，互联网初创企业几乎没有向消费者收费的先例。淘宝用免费策略在中国市场战胜采用收费模式的 eBay，这一经典案例更是让收费几乎成为互联网的禁忌。

严格来说，拍拍贷也并不是全无进账。当时零星有一些收入，主要是在网站上挂一些广告，还加入了 Google 的 AdSense。后来发现一个月仅仅一两千块钱收入，少的时候甚至只有几百块。

收入完全无法覆盖运营成本，运营拍拍贷只能靠几个创始人不断凑钱。每过一两个月，几个创始人就愁眉苦脸的坐在一起凑钱。他们选择了一种称为“维克里拍卖”的方式来认购股份：几位创始人各自写下一个认购价格，价格排名第一的中标，用排名第二的价格来购买。对于当时所面临的窘境，几个创始人回忆起来仍心有余悸。

拍拍贷刚创立时，顾少丰租了一个非常气派的大房子办公，进行了豪华装修。不到半年，他们发现根本付不起房租，于是只好舍弃前期的装修，搬到了火车站附近一个破旧的居民楼。这次，他们不敢再装修了，房子再破也随它去，如何让公司生存成了最紧要的事情。

那时候他们也考虑过融资，但所有见过的投资人都认为不靠谱，或者觉得看不懂。业务发展缓慢，又看不到前景，招聘自然也变得异常艰难。早期员工离职率超高，基本上在职时间都在四五个月。

胡宏辉坦言，自己曾经不止一次想过要放弃。然而，在他放弃之前，顾少丰已经接近崩溃。

在拍拍贷发展初期，顾少丰是当时平台唯一一个全职投入的创始人，2009 年的某一天，平台的运营资金再次消耗殆尽，几位创始人在一个茶楼聚会，平时从不喝酒的他默默要了一瓶啤酒，一饮而尽，然后当着所有人的面嚎啕大哭起来。

在张俊眼中，顾少丰是对平台投入最多的人，“那时候总是做着做着就发现员工都离职了，公司只剩下我们几个创始人和一个顾少丰的亲戚，每天下班就看见顾少丰和他那个亲戚在加班。”

在朋友及其员工眼中，顾少丰脾气颇好，平日滴酒不沾，可那天在茶楼却一反常态。

那天窗外灰蒙蒙的阴云在张俊记忆里依然清晰，几个老朋友围着茶桌，蔫蔫地窝在凳子上，几度欲言又止。一阵沉默后，顾少丰像是精神有点恍惚，主动招手问服务员要酒。

“我们这里没有啤酒卖的。”

“那你去给我买，我给你加小费！”

服务员不敢得罪这位“暴脾气”的客人，去外面买来，顾少丰当即打开，咕咚咚一瓶下肚。随后，顾少丰开始哭，而且哭声越来越大，劝也劝不住。其他几位创始人当时就已明白，顾少丰承受的压力之大，已经接近极限。

这件事，深深触动了张俊，他决定全职出来创业。不过做出这个决定并不容易，首先张俊的父母表示不理解。

父母的顾虑并非没有道理：在微软呆得好好的，收入稳定又有面子，为啥要去做一件没有回报没有希望的事儿呢？除此以外，老人还担心张俊因非法集资被抓进去，直到几年以后才慢慢理解。

从家庭角度看，张俊当时太太已经怀了二胎，家里还有房贷要还。全职创业之后，几个创始人每个月只能拿 3000 元的生活费。实际上，哪怕是这 3000 元，也时常没有着落，因为公司的资金要优先保证运营和员工工资。张俊给太太画了画饼，“我们已经找到投资人了，很快就会有资金注入了。”

实际上，张俊的遭遇只是广大创业者的一个缩影。循规蹈矩比较容易为亲友所理解，顺理成章地获取重视、爱心和支持。但是倘若有一天决定不走寻常路了，而是选择一条与周围其他人的选择完全不同的道路，亲友们或许会被想成为企业家的那种异乎寻常的强烈欲望惊得目瞪口呆，甚至因为执着于探索未知世界而被大伙嘲笑。

不过，张俊的家人虽然有质疑，却没有给他施加太多压力。太太相信丈夫张俊的能力，同时，作为淘宝的早期用户，她对于新鲜事物的接受度很高。她与张俊算了一笔账，如果拍拍贷真的走到山穷水尽，那她的收入也能勉强维持还房贷和日常支出。更为难得的是，张俊的丈母娘，也给予了他很多支持。

张俊全职以后，胡宏辉也全职加入，几位创始人终于开始全身心投入拍拍贷平台，平台的业务也逐渐有了起色。

向死而生

虽然现实窘迫，几位创始人还是会乐观地畅想未来。据张俊回忆，当时几个创始人的判断是，中国的改革开放肯定会不断深化，最早是从农村开始，后来又在贸易和工业领域有所突破，甚至在不断打破国有企业的垄断。按照这个趋势，金融领域的开放是迟早的事儿。此外，人们的习惯在不断被改变，从娱乐到购物，不断被互联网化，总有一天也会接受金融的互联网化。同时，互联网人群也在不断扩大，这也意味着巨大的增长空间。

不过，很多事情看起来简单，而实际上能找到的支持很少。当初设想的做个五六年就上市的想法，已经成了遥不可及的目标。

张俊和顾少丰有时候会问自己，第一份工作的起点很高，微软的环境不错，待遇还算丰厚，为何当初要跳出这个循环?

创业过程中，少不了会面对难以排遣的孤独，早已习惯的生活方式也被迫改变。张俊回忆，由于外企的工作经历，开始创业的时候，他和顾少丰还会在下班后去喝杯星巴克。资金有压力后觉得吃不起了，就去买几块钱的罐装咖啡喝；后来又觉得压抑得不行，就买袋装的来冲泡；再后来，就改成天天晚上喝白开水了。

对于顾少丰而言，创业后不仅离“装逼的感觉”越来越遥远，甚至开始有了饱一顿饥一顿的感觉，因而这个时候难免出现情绪上的波动，不由自主感觉到落差。之前，顾少丰觉得自己还不错，大学是在中国最好大学之一的上海交通大学，工作又是在世界最好公司之一的微软，很有精英的感觉。而此时的感觉，用一句话来形容，就是“落难的凤凰不如鸡”。

“其实我还算是弱的，我也就能在上海本地考生排名靠前。同学中各省高考状元或者全省前十都很多。这样的环境下，人人都会有一种精英意识。”顾少丰这样看待自己创业前的岁月。

微软的招聘更是千里挑一。在微软工作的时候，顾少丰觉得，自己支持的产品，解决的都是全亚洲最难的问题，而自己可以说是亚洲区域某个产品的专家，觉得自身还是挺厉害的。

应该说，顾少丰开始创业时，感觉还不错。在微软，他只是团队的一员，不会有机会见到大人物。后来自己摇身一变成了 CEO，见到的人都是很高大上的，让他感觉很好。

然而，等新鲜劲儿过完，就有了不断走下坡路的感觉。业务一直起不来，顾少丰内心也觉得自己的人生在一直往下掉。据他回忆，这感觉也挺奇怪，有时候觉得已经跌到底踩到地面了，但现实是还在一直往下掉，不断击穿自己的底线。

很长时间，他甚至不好意思见人，尤其是一些老朋友。

“其实大家倒未必是带着有色眼镜来看你，但我自己会有那种感觉。”顾少丰觉得，以前跟自己差不多的朋友，现在只有自己混得这么惨，接下来会如何更是不知道。

如果创业失败了，过两年再重新起步吗？这样的话，整个人生也许都毁掉了，都是因为创业这个错误的决定。如果不创业的话，生活原本可以很光鲜地继续。而张俊等人全职加入以前，无人倾诉的孤独感以及不断被击穿的痛苦，让顾少丰觉得有点受不了。正是这种不知路在何方的迷茫，才有了那次独饮啤酒后的嚎啕大哭。

“我就在想，如果再不全职去弄的话，可能顾少丰也撑不下去了，拍拍贷就再也没机会了。”作为大学同学以及微软同事，张俊很了解顾少丰，也明白他的崩溃意味着什么。

也正是基于这种判断，张俊毅然做出了全职创业的决定，顾少丰也因此有了坚持下去的动力。

“突然某一天，我莫名其妙就轻松了，觉得什么都无所谓了，这个过程可以说是向死而生。死猪不怕滚水烫，我觉得没有任何心理压力，可以平静面对一切，反正自己就这样了，就有了触底反弹的感觉。”

顾少丰感觉到，自己又开始慢慢爬坡了。“印象很深的是，有个朋友告诉我，虽然那个时候看起来姿态很低，但是从认知谈吐感觉已经很强了，成功只是迟早。后来回过头想，似乎确实如此。在调整的过程中，不知道何处是底也不是那么关注了。其实，V 字型的反转已经发生，感觉又找到了自己不断在提升的状态。但状态回升的时候，自己并没有意识到。”

后来，顾少丰想看看同为技术起家、已经上市的创业企业典范——腾讯是什么样子，于是拉上张俊来到了深圳，随后幸运地见到了时任腾讯总裁的刘炽平。刘与两位后辈相谈得十分投机。和刘炽平聊完已近晚上 11 点，顾少丰和张俊惊讶地发现，腾讯整幢办公楼依然灯火通明，不少员工都在加班工作。“腾讯都这么成功了，还这么努力，我们又有什么理由轻言放弃？”

谈到创业，很多人说坚持不放弃很重要。这确实是一个很重要的因素，但不是全部。如果没找对坚持的方向，也许有人会一直掉下去。

顾少丰、张俊等人把方向定为线上风控。2009 年 03 月，拍拍贷信用评级系统、认证系统和反欺诈系统全部上线。

收费模式 VS 免费模式

张俊从微软离职、全身心投入拍拍贷时，这家网贷平台公司正游走于崩溃的边缘。几位创始人凑的创业资金即将耗尽，却还不知道路在何方。

全职之后的张俊开始与顾少丰一起担任联席 CEO。随后，他在拍拍贷做出的第一个决定是：进入收费模式。

据几位创始人回忆，从免费模式到收费模式，对于拍拍贷而言是第一个意义深刻的时间点。

中国的互联网创业，免费模式从来都是主流。免费模式的逻辑倒也简单，互联网使用者中习惯付费的人群不大，无论是早期的门户网站，还是后来的淘宝、360、腾讯 QQ、视频网站、直播、滴滴、外卖，都是先从免费模式、甚至是倒贴起步，然后进入付费的商业模式。

免费在国内已经是一种广为流传的成功的互联网商业模式，即使在国外，互联网思维一般也是以免费策略聚合用户，等到拥有海量用户再去考虑变现。拍拍贷从创立起，一直是免费模式。收费这件事，无疑会给用户造成很大的心理落差。拍拍贷的几位创始人心里也特别没底。

有观点认为，互联网的价值在于互联、共享和互动，它最大的贡献是以免费、无壁垒、无差别的方式消灭信息鸿沟。收费则是互联网的倒退，企业走下坡路的预兆。

实际上，世上没有免费的午餐。免费的表象背后，总会存在适当的盈利点。赢利是企业的主要目标，免费只是一种业务模式，和传统行业不同，互联网行业可以用“羊毛出在猪身上”的方式赚取利润。例如谷歌、百度等搜索引擎对用户是免费的，但因为可以聚合海量流量，背后可以有广告所得来支撑。

还有一种常用的方式，互联网公司刚开始为了吸引用户，免费让用户使用，但一旦占领市场后，企业就会想方设法谋取利润，采用“基础功能免费 + 选择性付费”的模式。譬如，游戏可以免费，道具则要收钱；视频网站的普通内容可以免费，成为 VIP 会员则要收钱；Skype 可以提供基本的互联网通话服务，而互联网之外的网络通话则是需要付费的；迅雷在提供基础的下载服务之外，也为付费的 VIP 用户提供离线下载、种子点播等增值服务。

这样看来，彼时拍拍贷所选择的免费模式，并非没有道理。先用免费策略聚合用户，再伺机将流量变现，这一模式在中国的互联网创业中早已司空见惯。然而，几位合伙人凑上来的创业基金早已消耗殆尽，拜访过的几位投资人并不认可这一业务模式，十几位早期员工员工也选择了离职，只剩下 5 个人的小团队，现实的资金压力就摆在眼前。

张俊开始担任 CEO 时，拍拍贷还忠实地坚守着免费模式。但对于当时的拍拍贷来说，免费模式无异于“烧钱”模式，对于早期没有融资的拍拍贷而言，几位合伙人能够注入的后续资金已非常有限。于是，张俊开始与同事们讨论“收费”模式的可行性。

不出意料，收费的建议刚提出，反对声立刻滚滚而来。在同事们的逻辑中，免费是互联网平台的基因之一。

“好不容易聚集到一批用户，突然收费可能就全没了。”几位合伙人十分纠结，不免患得患失。他们把 eBay 与淘宝之争看做经典案例，两种策略的优劣似乎显而易见：淘宝用免费策略，最终战胜了收费策略的 eBay。

不过，张俊的观点颇为不同。“如果撇开淘宝，单独看 eBay 的成长历程，可以发现一些有趣的东西：eBay 其实很早就开始收费了，并且它的经营状态一直很健康。”

在张俊看来，客户对于金融服务与资讯产品天然有着不同的消费习惯，客户对与金融相关产品本来就有愿意付费的习惯。淘宝打败了 eBay，免费模式只是其中的因素之一，况且在 2009 年国内网贷平台凤毛麟角的背景下，拍拍贷并不需要去做淘宝，还是有机会可以成为 eBay 的。

几位合伙人对未来战略的思考并不一致，没有马上同意张俊的想法。而拍拍贷也在这种纠结中，面临着越来越大的资金压力。

该年春节前夕，创始团队神情凝重地坐在一起，开了个关于拍拍贷生死去留的会议。几位创始人中，顾少丰对平台的倾注最多，心里最纠结；胡宏辉则处于不想再烧钱的崩溃中。张俊最不甘心：“我还没有一试身手呢，怎么平台就要倒了呢？”

对于是否收费，他们有着截然相反的两种观点。顾少丰与张俊素有默契，在这件事情上却产生了很大的分歧，张俊认为应当收费，而顾少丰是典型的互联网思维，旗帜鲜明的反对收费。胡宏辉老成稳重，也担心收费会影响平台的运营。

两种观点僵持不下，看似各有道理，争得也是面红耳赤。激烈的争论之后，几位创始人依然各抒己见，谁也没有能够成功说服对方，此时身为联席 CEO 的张俊最终拍板。

“未来收不上费，迟早也得死，还不如早点试试。”在他心中，现在是一个必需转向收费的时点。

“当时拍拍贷有 10 万的注册用户，平台月交易量在 30 万元左右。我想如果收费模式会损失客户，那么大不了这 10 万用户不要了，我们重新培养。但是如果继续坚持免费模式，拍拍贷不知道哪一天就会关门了。”张俊回忆。

2009 年 4 月，拍拍贷的收费模式上线，对在平台上借入资金的用户收取相当于本金 2%-4% 的服务费。

收费模式对于用户的心理冲击果然没有出乎顾少丰与胡宏辉的预料，当月平台的业务量下滑了十几万元的规模，很多老用户扬言要离开。在收费的第一个月，平台活跃度刷刷往下掉，第一个月的数据甚至只有前一个月的 1 成。

然而，掉完以后，数据重新爬坡，在此后的几个月又开始缓慢回升。慢慢地，拍拍贷逐渐实现了盈亏平衡，告别了朝不保夕的危险处境。

从免费转向收费，是拍拍贷发展历程中一个很明显的拐点，彻底清除了“虚荣指数”。“虚荣指数”是指：在平台免费的时候，有些访问虽然带来一定的活跃度，其实并不是真正的用户。

现在看来，拍拍贷的早期运作，包括最早所采用的朋友圈的方式，里面存在一个很大的问题。在满足熟人间借贷的需求的时候，用户确实都觉得挺好。然而一旦要收钱，所有人都走了，不会需要再通过平台绕一圈。

也就是说，通过朋友的方式很难转化成商业价值。而商业中有个简单的逻辑是，帮你提供了服务，本应收取相应的服务费，这也是平台价值的体现。

经历过失去 90% 用户的痛苦之后，拍拍贷的用户数据慢慢又开始爬坡。张俊分析，收费后用户群可能发生了变化，平台开始更精确地了解用户的需求。

“也有心理的因素，之前的老用户心理落差相对比较大，后来的用户开始就不抵触收费模式。”谈及当年选择收费模式后用户流量的变化，张俊这样分析。

回过头看决策的过程，张俊不禁捏了一把冷汗。免费模式看起来没有出路，采用收费模式的后果也很难预测。虽然最终说服了其他几人，做了收费的决定，但当时张俊其实非常惶恐，对他本人及拍拍贷而言，这无疑是一次生死劫。

所幸中国能享受金融服务的人实在太少，用户又开始慢慢回来了。这说明张俊当时的判断是对的：对借款人来说，收费所增加的成本并不是主要矛盾，真正的主要矛盾是是否有机会享受金融服务。对拍拍贷来说，这次转型不仅改善了平台的财务状况，更重要的是找到了一种更符合实际的运营模式。

理工男的梦想

2010年，拍拍贷在全国已经有了一批忠实用户，不少人想更多了解一下这家公司到底是什么样子的。因此，张俊决定到北京去搞一场投资人见面会。

在见面会上，有一个叫李铁铮的投资人向张俊提了很多问题。李铁铮2009年就注册了拍拍贷，对拍拍贷的业务很有见解。两个人你一问我一答，越聊越兴奋，见面会结束时，张俊还把李铁铮送到了门口，并互留了联系方式。

出生于大庆的东北汉子李铁铮，自小在厂矿里长大，也是个典型的小镇青年。2002年，他考入上海交通大学，成了张俊和顾少丰的校友。李铁铮学的是土木工程专业，在学校里却热衷于做小买卖，譬如倒卖二手书和自行车，或是帮校内的学生找一些兼职等，也一直有创业的想法。2006年毕业时，中国民生银行总行中小企业部正在招人，李铁铮想在创业前接触一下各行各业，便应聘了，以管培生的身份来到了北京。

在银行的三年多里，李铁铮亲身经历了民生银行小企业信贷业务从无到有、从小到大的整个发展历程，接连担任了风险管理相关的多个重要岗位，也深深感受到了小企业获得贷款的不易。

到底应该怎么做，才能降低中小微企业、创业企业融资的门槛呢？这个学土木却转行金融的理工男心中，埋下了理想的种子。

2009 年，李铁铮开始关注到网贷行业。与审慎、低效的银行模式相比，他觉得网贷是个解决融资难的不错方式。参加了拍拍贷的见面会之后，他更坚定了自己的想法。

见面会两周后，张俊收到了一封超长的邮件，发件人正是那天和自己相谈甚欢的李铁铮。在邮件里，李铁铮详细地说明了自己对拍拍贷业务的理解和对今后发展的看法，同时附上了简历，表达了自己想要加入的愿望。

而此时此刻，张俊正苦求风控高手而不得。于是很快地，李铁铮顺理成章地加入了拍拍贷，和之前三位创始人共同组成了拍拍贷“F4”。

拍拍贷“F4”中，三位都是理工男，创业过程中曾经经历过很多挣扎，其中感受最为强烈的是最早出来全职的顾少丰。

顾少丰是个技术宅男，但在公司发展初期，只有技术显然不行，办工商营业执照，或者申请办个手续，都必须自己去亲力亲为。这事情本身没有挑战，但违背自己的个性让他十分痛苦。

本身在拍拍贷上投入的诸多精力，再加上起初财务上损失所带来的压力，使得几位创始人用来社交、休息、陪伴家人的时间变得少之又少。不过在顾少丰看来，创业总归是有取舍，总归是小众群体的选择。每个人都可以用创业的心态来做事，然而真正去做的肯定是小众群体，因为创业是反人性的。创业者每天都要做很多事情，却不能因为不愿意，或者不喜欢就可以不做。

而同样作为理工男的张俊和李铁铮，也不喜欢抛头露面，大家都希望闷在办公室写点东西就好了。结果莫名其妙地，张俊现在被逼无奈成为了一个“网红”。

最初的时候，几位创始人几乎不能养家糊口。张俊曾经跟团队开玩笑说：“还好在创业前把老婆娶回来了，像老顾就因此耽误了结婚生子。”

李铁铮则发现，拍拍贷和银行的工作节奏虽然都很紧张，方式却不太一样。银行会有很多汇报，需要花很长时间去做顶层设计，从顶层设计到流程、到岗位到系统，等把所有东西都想清楚，可能半年已经过去了。

而在拍拍贷主要是靠自我驱动。来拍拍贷后，李铁铮逐渐接受了一个说法：先开枪再瞄准，大概明白自己想要什么，细节没想清楚，那就先做一个小规模的，试错以后再不断调整。

“从职业发展的角度来看，当时在银行总行，社会地位、成长性都不小。有时候想想，自己很努力的话，再加上好运气，内外部因素结合，做到 10 年 20 年之后可能混得还不错。但我觉得，到了那个地步自己也不会开心，那可能不是自己的奋斗目标。

而拍拍贷，每年以三四倍的速度发展，要求你作为团队的领导者，或者核心成员，要有相应的成长速度。实事求是地说，我每年做的事情都不一样，相对往年都是数倍的挑战。这个过程就是内部的趋势，成长的动力。”李铁铮认为。

现在回去跟以前的同事交流，李铁铮思考问题的角度不一样了，这是环境带来的变化。人生就短短几十年，比较有创造力的正是青壮年时代，即工作 5 年之后的 10-20 年。前面一段可能是学徒的过程，后一段有经验，但体力和精力可能跟不上了。

对人生的黄金时期，李铁铮的定义就是不停的折腾。在其中获得的东西，比按部就班要多得多。李铁铮的加入，也让张俊等人获得了一位靠谱的伙伴。

创业过程中伙伴的选择很重要。每个伙伴既不违背合伙创业的初衷，即共享愿景、共谋发展、共享利益，也不违背管理的常识和基本法则，即尊重人、认可人、发展人，真心欣赏，诚意合作，如此，才能真正大放光彩、无往而不利。

拍拍贷的几位创始人认为，“理工男”的身份让几位伙伴沟通起来毫无障碍，因为大家都很讲究逻辑，喜欢用数据说话。

几个创始人性格各异，相处模式却都很简单，有事说事，没事就闭嘴，不会整天混在一起，在一起也都很简单，大家有什么说什么。也能包容不同的想法。不怕出错，也不怕犯错。

李铁铮加入后不久，拍拍贷搬到了张江高科提供的孵化器办公，刚开始只有一个小办公室，两个房间，一个小厅。“F4”挤在一个很小的房间，感觉很好玩，也很有创业的气氛。办公室能坐 20 多个人，后来坐不下了，工位却是固定的，张俊等人便从淘宝上买了一些家具，自己拼装，靠着墙硬是又弄出了几个工位，大家坐得密密麻麻的。

随着拍拍贷业务的发展，公司越来越大，“F4”发现跨部门的沟通协作也越来越难。原本大概有几个人，当时四个人在一个办公室里，根本不用沟通，大家做什么事都清楚。现在每个礼拜都见不到一面，大家都在忙自己的事儿。

公司人员的增多，也给几位不懂管理的理工男带来很大的挑战。“十几个人的小团队的时候，具体做什么事情你说了算，根本不需要什么管理。大家都非常了解，谁的能力如何，谁做得比较好。人一多，照顾不过来，可能需要一个层级。每增加一个层级的管理时，都会面临一些挑战。从团队里面提拔的，可能干活很利索，管理的技能是没有的，从外面来的人可能有管理经验，但可能动手能力又稍微缺乏一些。当运营团队有几千号人的时候，下面会有总监、经理，下面还有主管。到了这个阶段，就需要有明确的价值观或者文化，自上而下都遵守，这是一个基础。招聘的过程中，也要特别关注找到的人价值观是否契合。”

张俊等人的管理遵循着典型理工男的思路，希望团队之间没有那么多层级关系，可以保持很扁平的沟通，这也是他们至今不设独立办公室的原因。拍拍贷对优秀员工的奖励也很大度，在他们看来，每次有机会将更多的股权释放出去，代表了更多牛人为公司创造了非常多的价值。

理工男们的想法很简单，希望团队把工作当成一个共同的事业。因为在他们看来，拍拍贷还有更为远大的梦想。

梦想的价值 Ⅱ

互联网创业具有网络效应。随着行业新进入者和用户的增多，网贷的价值开始为越来越多方面所关注。

对于行业来说，2010 年 8 月 19 日是个值得纪念的日子。这一天，中央电视台《经济半小时》栏目播出了对网贷的专题报道。对于拍拍贷来说，这更是让其欢欣鼓舞的一天，因为栏目重点报道了拍拍贷，而且张俊和胡宏辉都有出镜，俗话说，就是“上电视了”。

不过，最让他们记忆犹新的是，栏目播出后网站的访问量突然变大，使他们的服务器当天就当机了。拍拍贷的小团队从来没遇到过这种情况，花了好长时间才抢修过来。

同年 10 月，总行研究局及央行上海总部货币政策司领导来到拍拍贷进行调研。平时，张俊和顾少丰不管什么场合都穿个大裤衩，特别不修边幅。这次头一遭有国字头的领导来访，顾少丰特别重视，决定穿上正装接待。

然而几位创始人中，只有胡宏辉有两套西装，顾少丰就向他借了一套。只是胡宏辉与顾少丰身材迥异，导致这套西装穿起来显得颇为滑稽。央行的领导盯着顾少丰看了半天，说：你可真朴素。不过，领导似乎对拍拍贷的朴实作风颇有好感，临走时说，拍拍贷的试验是未来民间借贷阳光化的一个很好的发展路径。听完这话，他们觉得所有的坚持都值得。

随后，更多的视察、采访和报道接踵而至，顾少丰还是在借来的西装和大裤衩之间来回切换，拍拍贷的网站也还是时不时崩溃。疲于应对的同时，几位创始人仍在不断思考拍拍贷真正的价值所在。

2012 年秋，在一次会议上，张俊听了徐小平的一个演讲。徐小平在演讲中说，任何一家伟大的企业都有自己的灵魂……灵魂是一家企业的终极核心竞争力。

此话如闪电般击中了张俊的心灵，心潮起伏久久不能平静。“是啊，拍拍贷拥有怎样的灵魂呢？在内心深处，我们期望我们的灵魂是卑微而渺小，单纯而幼稚，我们梦想这个世界因为我们的行动而更加美好。这种梦想，像一颗火种，燃烧于心灵深处，让我们有了直面一切困难的勇气。有那么一刻，梦想战胜了恐惧，战胜了懦弱，战胜了懒惰，于是有了拍拍贷。多年之后，我们仍然被不断地伤害，遭遇挫折，我想，潜意识里，依然是这个最初的梦想，在推动我们擦干眼泪，抚平伤痛，坚强前行。”

“创业的艰辛，往往使人迷失于琐碎之中。很多时候，你会忘记自己的初衷，忘记来时的方向，忘记将要去往何处。作为创始团队，我们种下了一颗种子；在长成参天大树的过程中，很可能更容易迷失。”这位拍拍贷的创始人曾这样总结。

国内的互联网在 2000 年前后发展起来，对各种各样的行业做了颠覆性的变革。起初是媒体，然后是电商，人们的衣食住行，其实都已经改变了，而张俊和顾少丰正好见证了整个过程。要不是毕业的时候正逢全球互联网冬天，他们可能早就投身到互联网创业中来了。

在微软工作几年后，张俊等人判断，互联网跟金融结合也是大趋势。他们在银行看到了审批上、效率上两个痛点，坚信互联网和金融结合会对金融做一些改变。恰好2006年诺贝尔和平奖颁给尤努斯博士，说明这个模式本身是行之有效的。另外也说明了穷人不是没有信用，而是缺乏一些识别、衡量、以及评估他们信用的机制。

互联网和金融结合实际上存在两种路径：第一种是类似拍拍贷的互联网金融公司，去介入金融业务；第二种是传统的金融机构，去借助一些新的科技。

后一路径会遭遇一个问题。首先，从观念上，银行的思路，往往是偏保守的。当时银行中做决策的，主要是60年代前后的一代，现在可能会有70后慢慢成为行长级别。当时的60后，对于互联网的概念，其实比较淡漠，体制本身的原因也使银行对于创新型业务的试错、容忍度很低。

互联网金融公司就不存在这个问题。拍拍贷的创立，先是源自几个创始人朴素的金融理财理念，即在工作数年后逐渐体会到了理财的重要性和实惠，随后又灵巧地和民间借贷结合。面对自己和朋友经常遇到的借贷问题，他们意识到中国的民间借贷是个庞大的数字，民间借贷的规模和商业银行信贷总额相当，说明中国的金融资源支配存在一个巨大的民间形态。

但是民间借贷存在很多先天不足，首先中国是一个讲人情而忽视和回避契约的国度。大家喜欢称兄道弟，讲江湖义气，借钱很容易，打个招呼，不要借条就完成了。出现了坏账和还款延期，解释一下，谈谈感情，能解决当然好，解决不了，只能不了了之。把钱借给好朋友后，却不好意思催别人还，这就是中国文化造就的独特金融文化。

在张俊看来，拍拍贷存在的一个核心使命就是促进民间借贷的契约化，即通过网络和电子手段将借贷关系变为受法律保护的合同关系，拍拍贷提供相关的信息服务来使得借贷需求更加明确。民间借贷的契约化意义深远，不只是帮助个人实现借贷的法律保证，更主要的是引导大家建立契约精神，尊重合约。中华民族融入现代社会的要素就是遵守游戏规则，不能再一味以人情代替规则。

而社会信用评定，是拍拍贷的革命性创新。央行征信是中国政府主导的统计个人消费和金融信用的数据库，但是由于建立时间不长，信息的不准确和不完整，使得民间借贷者很难完全依赖这个数据库的信息来做出判断和决定。拍拍贷提出了一个非常创新的做法，就是建立一个社会信用体系。

拍拍贷最初设想的社会信用体系是，对个人主体，除了银行系统给出的信用信息，他的社交网络对他的诚信的评价会建立一个非量化的信用参考。比如 Jack 的朋友 Cliff 想向朋友们借钱付购房首付，Jack 对 Cliff 做出了非常肯定的评价——“10 年好友，绝对诚实可靠”。Jack 的另外一个好朋友 Huhu 正好有闲钱，看到这个需求后，结合 Jack 给出的评价，Huhu 会对 Cliff 的诚信程度有个非常感官的认识，很有可能促成交易的实现。这个创新的思路在熟人借贷的模式下，为民间金融行为提供了一种更加现代化和信息化的可能途径。

网站面向陌生公众开放后，拍拍贷则转变为通过借款人提交各种认证、外部合作获取以及自己抓取关于借款人的互联网行为信息来丰富维度，随后运用数据建模的方式，建立起一个更加量化的社会信用评分系统。这一做法现在被称为大数据征信，已被多家互联网金融公司广泛应用。

张俊等人认为，拍拍贷的出现和发展，是对社会的和谐发展和人际关系的健康非常有意义的尝试。拍拍贷的理想是让更多信用空白的用户享受到低门槛的借贷服务，并且把民间借贷这种最基本和最普遍的金融业务契约化和规范化，通过业务扩张把信用理念广泛传播。

在几位创始人看来，拍拍贷网站的成功之日并不仅仅是团队的事业成功之时，更将是中国社会的契约精神和诚信体系深入人心的时候。

第四章

西天取经

拍拍贷的几位创始人，喜欢用西天取经来描述其商业冒险的旅途。

西天取经的故事最为迷人之处在于，虽然途中历经艰难险阻，最后依然取得真经。

不忘初心，方得始终。有趣的是，这个说法与佛家经典《华严经》有不解之缘。

西游记

拍拍贷喜欢用西天取经来描述自己的创业之旅。

确实，西天取经的故事与拍拍贷的发展历程颇为契合。当年唐三藏离开西安，前往天竺求取真经。拍拍贷创业所受到的启迪，也是源自南亚孟加拉国的尤努斯教授。此外，与西天取经的四人团队类似，拍拍贷的四位创始人也是在创业路上逐渐聚齐的。

在顾少丰眼中，拍拍贷最终聚集起来的四位合伙人，分工与西游团队颇为相似——光头的张俊像唐僧的角色，不仅仅意志坚定，还可以聚集团队的成员；性格大条的胡宏辉类似猪八戒，友好而快乐，时不时要充当和事佬的角色；负责风控的李铁铮像悟空，性格耿直，火眼金睛又要不断尝试新的业务；而顾少丰则更接近于沙僧这样的角色，背着很多苦活儿、累活儿支撑团队前行。

在创业初期，虽然其他几位创始人还没有全职，却会在资金上给予平台很大支持。不夸张地说，正是因为当时张俊与胡宏辉的薪水颇为丰厚，顾少丰才得以心无旁骛地全职工作。

在胡宏辉的记忆中，最初两年看不到光明而又处处曲折。彼时，他并没有看明白拍拍贷的商业模式，但出于兄弟情谊，往往他收到的律师费尚未捂热，就已交给顾少丰。

“当时常会收到公司财务的邮件说又没钱了，于是我们几个人就凑到一起，说拍拍贷今天增发 10 万股，每股一元钱，然后大家凭着自觉性两万、三万这样去认购。有一次我们还苦中作乐地采用了竞标的方法，出价第二高的人竞得公司增发的股权。”回忆起那段过往，胡宏辉一脸苦笑。

出价第二高的人获得股权的方法，可以确保股价会在一个相对合理的区间。掌握了这个方法的顾少丰，自从微软离职以后，就义无反顾走上了创业这条不归路。不过在当时，拍拍贷的股权哪怕在几个创始人心中也没有多少价值，每个人的投入更多是基于对平台的感情。

2009 年，张俊全职投入了风雨飘摇中的拍拍贷，从他熟悉的高大上环境中跌入了一个破旧的居民楼办公。办公室内部没有任何装修，地上到处都是可乐瓶，布满了线，几台破电脑前坐着几个人。张俊至今还清楚地记得，当时他面试的每一个应聘者，在踏入办公室的第一时间都在东张西望，脸上写满了“不信任”三个字。

“此前在软件公司，最常讨论的是战略；但转入拍拍贷后，每天想的关键词都是生存。之前在大公司里面养成的思维习惯，是有多少资源办多少事，但是到了拍拍贷后，我开始学会没有资源也要把事办成。”张俊感慨。

律师出身的胡宏辉，在拍拍贷工作还算游刃有余，从法律到财务，曾经一人身兼数职。律师事务所采用的是合伙人制度、小团队运作的方式，每人负责自己的一摊子事儿，和创业公司的运作很像。因此胡宏辉在拍拍贷的 4 个创始人中最接地气，完全没有受“大公司病”困扰。

“创始人中我比较抠，甚至还兼了财务等。后来投资人发现我们花钱比他们还抠，基本很少过问我们的财务。”谈及这段经历，胡宏辉觉得颇为有趣，“等到公司发展壮大，我们才慢慢把一些业务让给更专业的同事。”

2010年，看到拍拍贷基本不再需要依赖自己做律师的收入存活了，胡宏辉也进入全职创业状态。被定义为“猪八戒”的胡宏辉，也许是几个创始人中最感性的一位。当被问及创业路上印象最深刻的一件事，他想起了2011年一位山东的客户，在拍拍贷借到钱后，过了很久忽然给公司寄来了几箱冬枣，这几箱冬枣让胡宏辉受到了很大的触动。

胡宏辉在此前在银行从事的信贷工作以及后来的律师生涯，都在为富人俱乐部“锦上添花”。而在拍拍贷，他的客户群体变成了来自社会底层那些需要借钱治病、交学费或者做点小生意的人，颇有“雪中送炭”的意味。虽然自己的工作依然在追求商业价值，却也真正帮助到了需要帮助的人。

民生银行出来的李铁铮加入后不久，成了拍拍贷的第一任首席风险官，负责风险管理、信用评级的工作。李铁铮说，自己去银行以后，另外一部分天性被释放出来了，以前是比较外向开朗，后来就变得越来越严谨和严厉。这可能和在银行扮演的角色相关，不过自己本身也比较严谨，做事情讲究条理，思维方式比较有逻辑性。但自己本身又很想做一些事情，希望承担一些有挑战性的职能。来到拍拍贷之后，从在金融机构里日日西装笔挺，到逐渐适应夏天穿拖鞋上班，李铁铮又经历了N次互联网思维洗脑。

经过了多年的持续磨合，四位合伙人才渐渐摸清整个公司需要一个什么样的机制，每个人能够扮演什么角色，公司需要什么能力，以及如何把每个人擅长的事情发挥出来。这一过程中，他们发现拍拍贷这个“很大的事情”，需要一个团队一起来做，而四个人中两个有互联网背景，两个是金融背景，能力互补，更有利于团队的长期发展。

“他们的年纪都比我大，相对来讲我会更任性一些，会比较直率，他们包容我的时候更多一些。”李铁铮坦言，“我们几个不完全是站在部门的角度看问题，而是站在公司的角度看问题，没有体制中所说的屁股决定脑袋的因素，也没有因为职能的不同而冲突。”

在这个过程中，他们建立了运用逻辑、用数据去验证的一套方法。对于用数据论证的逻辑，大家都比较容易接受，而且互联网有很好的一个特点，就是有试错空间。当大家谁都不能说服谁的时候，可以先小步的尝试。拍拍贷对数据的重视不仅体现在经营决策，在业务日常的角度应用也非常多。

“但有些时候，我觉得他们替我考虑风控的东西太多了，反而我会站在业务的角度去做一些考虑。”这导致四人会师之后，相处得并不总是一团和气。

带着传统金融机构工作习惯的李铁铮，有时会与顾少丰和张俊的互联网思维发生激烈碰撞。比如眼下只有 50%（并非平台真实数据）的借款人能够通过拍拍贷审核，进而在平台上申请借款，张俊和顾少丰会建议将通过率从 50% 提高到 55%，看看不良借款率的变化和对平台业绩的影响，如果效果不好再调回 50%。李铁铮则拒绝这样的尝试，他坚持在把通过率提高到 55% 前，要明确地列出新增的 5% 通过率指向了哪一部分客户，并要对这部分新增客户有明确的认知与识别。

类似的互联网与金融思维的碰撞与争论，有时甚至会升级到需要“二师兄”胡宏辉出面调停的程度。让张俊和顾少丰无奈的是，由于李铁铮是最终的风控把关者，类似的争议常以审慎金融思维的胜利告终。

创业初期有看不到未来的迷茫，等公司发展壮大，问题又变得更多。据胡宏辉回忆，早期的员工自己都很熟悉，在管理方面基本上没有什么挑战，“到了几百号员工，开始叫不出名字了，我就开始慌了。”

取经的路途异常艰苦，西游团队四人却并没有停下脚步。《大慈恩寺三藏法师传》卷一中玄奘“誓游西方”的壮语，不断激励着他们：“昔法显、智严亦一时之士，皆能求法，导利众生，岂使高迹无追，清风绝后，大丈夫会当继之。”

担保模式崛起

早年，红岭创投董事长周世平在深圳从事证券行业的工作。他最初也是拍拍贷的用户，一开始是觉得好玩，玩着玩着，他决定自己组建一个网贷平台，并起了一个听起来颇有投融资气质的名字——“红岭创投”。

比较两个平台的业务模式，可以发现红岭创投与拍拍贷的功能相同，审核手段也类似，不同的是周世平更大胆地迈出了“坏账垫付”的一步。

当时，红岭创投的借出者条款中明确写道：超过三十天以上借入者未还款，该笔借款将按坏账处理，VIP 会员可以获得由网站合作商垫付的全额借款本金，非 VIP 会员可以获得由网站合作商垫付 50%的借款本金，同时该笔债权转由网站合作商全权享有。

一石激起千层浪，红岭创投引入担保垫付模式，似乎点燃了行业的“燎原之火”，中国的网贷迎来了大发展。担保模式的出现，使得投资者的本金安全得到了一定程度的保障，投资人心里有了安慰。网贷也随之进入增长的快车道，而后这一做法也被其他网贷平台纷纷效仿，担保模式“红极一时”。

2012 年前后，随着垫付平台日渐增多，不担保、不吸储、不放贷的原则让拍拍贷损失了一批厌恶风险的老投资人。张俊则坚持认为，平台的本职工作就是给投资人提供安全的投资环境，垫付只是一个方式而已。对于刚成立的企业用承诺垫付来吸引投资者的做法，拍拍贷始终不太认同。

在张俊看来，平台要长期发展，归根结底还是得有很好的内功。如果没能力却向投资人承诺垫付，这是玩火自焚。担保是一种承诺，世界上没有任何人可以保证任何事情，这个概念本身就不存在。如果去问问那些提供担保的网贷公司，你们怎么能做到担保的呢？他们说我们有担保公司。问题是担保公司也出现过倒闭的情况。

担保模式存在一定的风险，监管要求融资担保额度是不能超过担保公司净资产 10 倍的。然而，超额违规担保的情况也是不少见，高收益的风光表层下存在风险暗礁，投资网贷之前要全面理解它到底是哪个风险级别的东西。显然，网贷并不是所谓“保本保息”的低风险理财方式。

投资人成长需要时间，这一点张俊在股市里深有体会。90 年代，投资人在股市亏损后，要么找证监会闹事，要么到证交所静坐，要么跳楼，直到 2000 年后，这样极度不理性的事情才慢慢减少。

虽然 Lending Club 的成立时点与拍拍贷很接近。但是美国人经历了过去 30 年证券市场的起起伏伏，对金融投资早已有了风险意识，但中国的个人投资还处在探索阶段，大部分人只知道把钱放在银行。

在张俊看来，与证券市场类似，网贷的投资人也一样需要对风险有正确的认识。大家最初只看到高息，只认准垫付担保，但接二连三的倒闭潮也在给投资人敲响了高息高风险的警钟。他预言三五年后，投资人的行为会日渐趋于理性。

其实在网贷业内，对担保的争议一直很大。

担保一方面实现了为投资人保本，但另一方面却增加了平台自身的风险。当年老牌网贷平台“贷帮网”发生千万逾期，平台拒绝垫付，一时间，在行业内掀起巨浪，成为网贷放弃兜底的第一例。不过贷帮网也因此“元气大伤”。很多的网贷平台，更是把担保玩坏了，比如有的平台成立担保公司，有自融嫌疑。

拍拍贷与国外网贷平台的运作类似，风险自负，好处在于省去了担保费，利率相对就高一些。对于坏账风险，国外有完善的个人信用记录制，但就目前国内信用记录情况来看，只能靠平台自己找到一套鉴别的方法。

当然了，不担保垫付，网贷行业还存在其它更多的隐忧，比如，在目前这个信用体系不健全且负面消息不断的背景下，投资人怎么判断，用什么依据去判断这一笔借款的风险可控程度？投资人或许会对网贷更加缺乏安全感。

还有人担心，取消刚性兑付后，平台可能会放松风控，甚至伙同借款人共同欺诈。刚性兑付能让平台对投资人负责，把平台和投资人绑定在一起，才不至于让平台无所顾忌，随便有人想借款就让借的。

拍拍贷没有理会外界的争议。不承诺垫付本息，是平台在创业之初就定下的铁律，用张俊的话来说就是“诚实固然无情，却是最有用的风险提示”，旨在教育投资者自主把控风险。张俊还写了篇文章，称两种网贷模式的竞争的实质是聪明钱与笨钱的竞争。拍拍贷不担保的模式让用户善思考、明时务、知进退能汇聚聪明钱。担保模式会让用户只看收益，这种投资者教育很危险。

为了留住用户，拍拍贷用风险准备金来替代担保政策。不过，风险准备金赔付本金的门槛较高——当时的政策是，要成功投资 50 个以上借款列表，同时每笔借款的成功借出金额必须小于 5000 元且小于列表借入金额的 1/3。也就是说，拍拍贷不对单笔借款做保障，而是对整个本金做保障，保障用户总的盘子，此举是为了培养用户的分散投资习惯。

拍拍贷的单笔投资是 50 元起步，一位融资 10000 元的借款人可能会在拍拍贷平台上找到 200 位债主，一位借出 10000 元的投资人可以将资金分散借给 200 位借款人，拍拍贷希望以这种小额投资模式向投资人传递分散投资、规避风险的理念。

截至 2011 年岁末，拍拍贷创业 4 年时，国内注册的网贷平台仅有 10 家。但时至 2012 年，网贷行业内的参与者与业务量都呈现出井喷式增长。截至 2013 年岁末，国内可统计的网贷平台已增长逾千家。可此时，坚持不担保的拍拍贷的身影却显得有些孤独。

业内风起云涌的后来者，几乎都不同程度地将线下模式嵌入了网贷平台，并向用户作出“如出现借款人违约，由平台或第三方担保机构垫付本息”的承诺。而此时的拍拍贷依然坚持着创业之初“不做线下、不垫付本息”的纯平台模式，只为来自线上的用户做撮合交易，由客户自己承担可能出现的违约损失。

人人贷、红岭创投、陆金所、开鑫贷等后起之秀，在线下模式及垫付本息承诺的支撑下，业务量迅速崛起——创立于 2009 年的人人贷，在 2013 年实现了 15.69 亿元的平台交易量；同样创立于 2009 年的红岭创投，早在 2012 年全年总交易量已突破 14 亿元；截至 2013 年岁末，上线仅 12 个月的开鑫贷，由于植入了小贷模式，平台累计成交额已超 23 亿元。而此时，拍拍贷 2013 年的业务量刚刚突破 10 亿元。

“我们圈里人常说拍拍贷是业内的活雷锋，替大家探索了那么多，纯洁地不求回报。”国内另一家网贷的高管如是评价。拍拍贷的创业团队，像一群略显落寞的理想主义者，坚守在他们的理想国中。

出乎绝大部分从业者意料的是，形势在慢慢反转。历经 2013 年和 2014 年的跑路潮，投资人在雷声阵阵的网贷行业逐渐走向理性，小额度、分散投资的人群越来愈多，拍拍贷的投资人数也在不断回流。

以红岭创投为代表的平台一向以提前垫付逾期标的款为自己的优势，但这种做法也遭到监管的挑战。换言之，作为信息中介的平台，所有的投资行为要投资人自己负责，平台要去担保化。平台不再垫付逾期借款，将成为平台走向规范化的必由之路。

2015 年，银监会等多部门起草的《网络借贷信息中介机构业务活动管理暂行办法（征求意见稿）》明确提出，借款人与出借人遵循“借贷自愿、诚实守信、责任自负、风险自担”的原则承担借贷风险，网络借贷信息中介机构不承担借贷的违约风险。

“刚性兑付，是监管层最关心的话题，其实真不是刚性兑付的错，但为了满足监管要求，刚性兑付肯定会打破。”在 2016 年 4 月的红岭控股转型交流会上，红岭创投董事长周世平谈及垫付机制未来的出路时如是说。他表示，预计会用 12-18 个月来解决，“这也符合监管的过渡期”。然而，监管已经规定了平台方将不承诺刚性兑付。打破刚性兑付是平台逐渐要去做的。

至于拍拍贷坚持不担保的选择是否正确，现实已悄然给出了答案。

拒绝红杉

在公司早期资金紧张的局面下，在 2008 年，拍拍贷实际就已经跟风险投资有接触。不过，跟投资机构的接触并不顺利。大部分接触到的投资人，均不能理解拍拍贷的业务模式。一位专业的投资人很好心地劝他们放弃："如果拍拍贷能行，就意味着你找到一个方法，通过 Internet 就能判断人的信用，这会是个无限大的机会，这是不可能的。"

彼时拍拍贷还虔诚地延续着互联网平台"不收费"的路线，可几位合伙人凑上来的创业基金已消耗殆尽，拜访过的几位投资人并不认可这一业务模式，十几位公司员工也选择了离职，只剩下 5 个人的小团队。

到了 2010 年，拍拍贷基本放弃了融资的念头，也很少跟投资机构接触。因为那时候已经开始收费模式，几个创始人又不拿工资，基本上平台能做到自负盈亏。

那时几个创始人的想法很简单，反正平台能一直运营下去。哪怕发展得慢一点，可以等到市场成熟一些再融资也不晚。

2011 年，红杉资本主动找上门来，张俊报了一个估值，对方没看懂拍拍贷的业务模式，觉得太贵。有趣的是，当初来拍拍贷考察的红杉资本中国基金副总裁胡丹，几年后自己出来创业，做了一款针对蓝领"屌丝"人群的分期消费产品"买单侠"。

胡丹回去向沈南鹏汇报后，沈拍板决定投拍拍贷，他的观点是无非就是亏点钱吧。或许在张俊等四个创始人身上，沈南鹏看到了当年“携程”四君子的影子。

没想到，张俊居然拒绝了。沈南鹏是经验丰富的投资人，不仅是携程和如家的创始人，还投过诺亚财富、京东和阿里巴巴等知名企业。然而，即便是沈南鹏这样的资本大佬，也没有完全看懂拍拍贷的业务模式。在这种情况下，张俊很担心拍拍贷被资本绑架。之所以敢于拒绝资本大鳄，与几位创始人的一些特质也息息相关。几个合伙人有一些共同点，眼光都比较长远。虽然四人都是草根出身，但都有着富贵的心态，对财富不是特别热衷。张俊性格平和，很擅长平衡，然而在关键决策上非常坚决，这一点倒是与顾少丰非常合拍。不过，作为一个穷鬼，拒绝红杉资本这样的资本大鳄，还是需要勇气。因为像红杉这样的知名投资机构，不仅可以提供大量资金，光是对被投企业的加持，就能吸引不少关注。

2012 年 5 月，红杉资本再次找上门来，表示已经理解这种业务模式，让张俊报一个价格。张俊当时也没有太多概念，随便报了个数字，没想到竟然谈妥了。10 月，拍拍贷完成了 A 轮投资。直到此时，张俊几年前向妻子画的饼才得以落地。

在谈及为何投资拍拍贷时，胡丹表示，红杉看互联网金融有两个杠杆，一是资金杠杆，二是运营效率杠杆，拍拍贷满足了这两个杠杆。如果看红杉资本投资的科技企业，每个企业都拥有很好的技术，通过技术换取巨大的毛利。如果一个业务可以用一段程序和代码解决问题，那么就没有必要雇佣一支军队。我们在拍拍贷身上看到了这样的影子。

当时市场中盛传红杉资本向拍拍贷注入2500万美元，但张俊在接受与之相关的采访中却实在地回应称，“红杉资本确实有向拍拍贷注资，但金额并未达到2500万，臆测多于事实”。由于国内的创业型公司获得融资时，常倾向于在宣传口径上放大融资额，从而增加外界对于平台价值的认知，张俊的回答显得有些另类。

当被问及为何不愿放大融资额时，张俊说，资本对于任何一个行业带来的影响都有两面性，当年的团购行业就曾出现过资本一夜涌入、融资数字虚高的乱象，可最终团购业存活下来的依然是美团、大众点评等踏实的公司。他并不希望看到一些不切实际的信息与报道，将风投疯狂地引入网贷行业，让一些本身资质并不好的公司一夜暴富又迅速垮掉，这样最终受伤的还是行业本身。

不过，他们对红杉资本一直心存感激之情。红杉资本给予了拍拍贷很多空间，不仅是资金上的支持，更重要的是对于创业者的尊重。后来，每年张俊与顾少丰都会去参加红杉资本的CEO峰会，即使拍拍贷又进行了两轮融资，有些投资机构的投资金额早已超越红杉资本。

2014年2月，拍拍贷敲定B轮融资，投资机构为光速安振中国创业投资基金和纽交所上市公司诺亚财富。虽然此前市场中盛传拍拍贷在此轮融资中被阿里巴巴纳入麾下，但在VC队伍中并没有看到阿里巴巴的身影，张俊表示由于阿里巴巴亦从事互联网金融业务，如果拍拍贷入赘阿里巴巴难免会产生“亲生儿子与继子间的矛盾”，因此也不希望接受来自阿里巴巴的投资。

2014年4月9日，拍拍贷在北京钓鱼台国宾馆举行了B轮融资发布会，邀请了多家金融和互联网的重量级媒体，以及多位互联网金融界的著名专家学者。这也是拍拍贷历史上第一次新闻发布会。

会前，拍拍贷微信调查发布会的地点选择时，选择钓鱼台的人最少，大家都不太相信可以在这里开发布会。会后，张俊收到了大量媒体记者和投资人的赞赏："托拍拍贷的福，这辈子终于有机会来到钓鱼台国宾馆！"

在发布会上，张俊进行了30分钟的演讲，演讲的主题是"王者归来——优势的力量"。演讲中，张俊列出了拍拍贷相对于同行的几个优势，以及他眼中顶级资本选择投资拍拍贷的最主要的原因：

模式选择的优势——我们是先行者，我们在探索，我们有最优先的选择权。所谓的各种模式，拍拍贷都尝试过，但我们发现，只有线上的模式能够覆盖中国的每一寸土地和每一个人；

品牌和用户的优势——我们积累了7年，我们有着网贷行业领先的品牌知名度和用户规模，而品牌和用户规模随着业务的发展所带来的集聚效应会越来越明显；

技术和效率的优势——网贷只有拍拍贷一家做纯线上的，原因就在于我们创造和发展了自己的线上信用审核和风险定价的模型，这些优势是最大的行业门槛；

资金质量的优势——钱的数量对于我们来说，意义不大；意义大的是投资人的理念，和其背后的资源和能力。

在这里尤其跟大家解释一下最后两点。首先资金质量的优势，我们这次选择的新投资人为什么是光速和诺亚财富？原因很简单，光速（如一个有着朋克气质的叛逆姑娘）一直致力于高科技行业的投资，善于发现具有颠覆性潜力的技术公司，其对于科技公司的运营管理有深厚的理解，其同时也是 Zest Finance 的投资者；而诺亚（如一个温婉知性的红颜知己）是传统的金融公司，他们对于金融的理解和在金融界的深厚积累将在未来帮助公司，同时其业务也跟我们有很大的协同空间。所以，选择光速和诺亚，就是选择科技 + 金融。而我们的老股东红杉资本（如一个活泼开朗，八面玲珑的交际花），是全球最知名的 VC，在最近的全球 100 位最佳投资者排行榜中，红杉有 9 位入选，是 VC 行业之最。其广泛的人脉，雄厚的资源，其对于全行业的理解，对于我们拓展资源和业务空间，也会有很大的帮助。拍拍贷这哥们这一次一口气娶了三个各具代表性的姑娘，真是美哉美哉。

而技术与效率，则是我们最最核心的优势，是我们最最核心的能力。投资者看重拍拍贷，也正是看重拍拍贷的技术能力和效率优势，这种能力将有可能在未来颠覆整个个人信用贷款行业，占据最大的市场份额。拍拍贷今年年初的战略调整，组织重新架构，把风险团队合而为一，到如今不断地招揽信用评估、大数据挖掘和分析相关的人才，都是在不断地加强我们的核心能力。同时在产品和技术团队，我们也在不断地关注各个环节效率的提升，3 个月以来，取得了非常大的进展。技术与效率，是我们领先的法宝，我们必须要不断地加强壮大，不断地抬高行业进入的门槛。

从这时起，业务走上高速发展轨道的拍拍贷，开始变得自信起来。

2015 年年底，拍拍贷宣布完成数千万美元的 C 轮融资，投资方组成为：君联资本和海纳亚洲联合领投，VMS Legend Investment

Fund I 以及光速安振中国创业投资基金等机构跟投。在拍拍贷的 B 轮和 C 轮融资中，拍拍贷得到了 A 轮股东红杉资本的持续看好，每一轮红杉都选择了跟投。

拍拍贷的融资过程，一般都是张俊与顾少丰两人联袂去见投资人。两人的理念一致，对于投资方的挑选均十分挑剔。不过，在拍拍贷的发展历程中，并没有感受过资本方的强势，董事会和股东会开得很少，投资方对于拍拍贷的经营干涉很少。

据张俊回忆，拍拍贷的投资机构有一个普遍的特点，都是开始接触时，无法理解其商业模式，往往是一年以后再恍然大悟。

在融资过程中，张俊发现投资机构的顾虑非常多。每次跟投资人介绍业务，对方的第一反应都是“这可能吗”。有的担心政策风险，有的认为中国人不讲信用，平台无法持续运营。甚至还有投资人害怕拍拍贷卷款潜逃。

融资完成时，张俊跟投资人聊天，对方给出的投资理由是：觉得业务的大方向没有问题，却也不知道何时能够爆发，甚至何时会被取缔。但风险也是投资的一部分，拍拍贷核心团队比较靠谱，同时业务模式也与同行业其他公司不同。

虽然成功融到了资，几位创始人还是保持之前的工作状态，生活状态也没有发生明显改变。其中，只有爱车如命的张俊换了一辆性能好一点的奥迪，顾少丰还是开着之前的老爷车，哐当哐当地上班，直到 2016 年车一开就报警，存在严重安全隐患，才换了辆沃尔沃。胡宏辉还是住在 2003 年购置的两室一厅的老房子里，安之若素。几个人平时工资，也大多投在平台理财。

三轮融资之后，在行业发生诸多变化的背景下，外界看到了拍拍贷的逆势高速增长，“整个市场不好的时候，我们的业务反而显得出色了”。但张俊说，拍拍贷一直保持着自己的发展节奏，并非为了反击市场的质疑，亦不是应股东方的要求。

沈南鹏等投资人给予拍拍贷及其团队的信任，并没有被辜负和滥用。

第五章

时间与耐性

耐得住寂寞，才能守得住繁华。

当年张俊砍掉企业业务的做法，可谓逆潮流而动。这种壮士断腕的举动看似悲壮，实际上谈何容易。

他山之石

2013年，互联网金融的概念被余额宝引爆，网贷行业也迅速发展。有数据统计，截止2014年1月底，全国共有网贷平台626家，而2010年这一数字仅为15。监管层随之开始注意到网贷。

国内网贷行业自2007年诞生以来一直缺乏有效监管，这主要体现在以下几个方面：

第一，网贷平台的合法性无法确认。从业务性质来看，民间网贷平台可以认为是民间借贷中介。由于目前我国还没有专门针对个人对个人贷款的法律条文，有关民间借贷中介的法律法规也是空白，包括网贷平台在内的民间借贷中介的合法性无法得到确认。民间网贷平台的活动始终处于法律的边缘。

第二，借贷业务监管法律缺失。由于监管法律的欠缺，各地人民银行分支机构或银监会派出机构都无法对其实施有效监管。而工商、公安、网监、信息产业等部门的各自权限仅限于对网站的注册、经营、安全等方面进行监管，不能对其相关金融业务进行监督管理。

第三，网络平台的运营缺乏监管。因缺乏监管法律依据，民间网贷平台的市场秩序十分混乱，没有统一的市场准入和市场运行机制。民间借贷网络平台运营方式五花八门，良莠不齐。在百度、Google上搜索“借贷网”，发现“XX民间借贷网”、“XX借贷网”数量日趋增多，多数还有“浙江”、“湖南”等区域名称，但网站经营者真实情况及所在区域难以确认。公众无法将以网贷为名从事诈骗等违法犯罪活动的网站和真正的民间网贷平台加以区分。

张俊等人认为，无监管对行业和平台来说是个巨大的潜在风险。而他们随后发现，在国内监管一片空白之时，国外许多国家已经出台了网贷监管规范，还有一些国家在陆续敲定具体的规定执行方式。

虽然听起来有悖常理，但实际情况是，全球许多网贷公司都在游说国家提供额外的行业监管。这是因为，至少在发达经济体中，一个更加正式的监管过程会给这些网贷企业带来新的资金来源和市场，同时为企业及其管理提供额外的法律保护。

中国网贷市场在过去一两年爆发的大规模欺诈案件说明，一种新的金融商业模式的诞生必然会伴随风险。虽然开发网贷业务的创新金融科技企业家成功实现了贷款普及化，但还是总会有不择手段的人想要浑水摸鱼，趁火打劫。

解决的办法，当然是政府部门的监管。而且，规则的执行必须要高度透明，给予投资者和借款人充分的保护，创造出一个公平的竞争环境。

美国政府部门对网贷的监管走在了世界前列。自2008年起，美国证券交易委员会（SEC）就认定通过网贷机构发行的票据是证券，必须在该机构进行登记。由此，美国政府正式开启对网贷行业的监管。根据法规要求，网贷公司运营必须遵循一系列关于透明度和消费者保护的联邦和州证券法。SEC后来还通过了《JOBS法案》，其中补充添加了许多网贷行业监管细则。虽然监管负担带来的时间和费用，有可能阻碍了许多潜在的企业家启动新的平台，但《JOBS法案》对新兴成长型企业也给予了一些特殊优惠。

2013年，中、美已成为全球网贷发展的两座高地。张俊等人想对标美国网贷平台，研究一下监管未来可能带来的影响，目光自然而然地移到了与拍拍贷几乎同龄的Prosper和Lending Club身上。

美国境内两大网贷平台 Prosper和 Lending Club自2006年后相继成立，并且在美国已具有绝对主导地位。两者具有相似的贷款流程，即用户首先注册成为会员，并提供相关基本信息。借款人需填写贷款申请表，并且通过审核程序以核实其信用状况，量化为一定的信用积分（Prosper上需要640分，Lending Club上需要 660分），而基于信用积分、信用历史和其他因素，借款人会被给予一个等级评定。相对而言，放款人往往只需证明最低收入和资产要求，如在 Prosper上可至多投资 500万美元，在 Lending Club上至多投资个人净资产的10%。这些经过审核的借款需求被放到网贷平台上供放款人根据自己偏好的贷款标准（比如期限、数额、利率）作出选择。

与中国网贷不同，两大平台上的放款人并非直接向借款人发放贷款，而是先由放款人购买与选定借款人对应的收益权凭证（payment-dependent notes），后由一家注册在犹他州盐湖城并由 FDIC承保的名为 WebBank的银行进行贷款审核和分发，之后 WebBank会将贷款所有权卖给对应的网贷平台，而平台以出售对应收益权凭据的资金作为交易对价。就借款人资金使用情况来看，主要是用于偿还到期债务和信用卡、房屋维修、商业用途、家庭购物等等。

让张俊感兴趣的是，Prosper 与 Lending Club 早期对监管的不同态度，使后者实现了对前者业务量的反超，成为了美国、乃至全球最大的网贷平台。

两家平台在发展初期，都没有向 SEC 办理收益权凭证的注册登记手续，而在美国 1933 年《证券法》和 1934 年《证券交易法》中，根据该种收益权凭证的特征可被认定为证券，从而需要向 SEC 办理有关手续并受其监督，因而 SEC 于 2008 年 11 月对 Prosper 发出暂停业务的命令（cease-and-desist order），认为其构成了 1933 年《证券法》中关于“出售未经注册的证券产品”的情形，致使 Prosper 直到 2009 年 7 月才重新恢复营业。

而 Lending Club 选择了主动歇业并向 SEC 进行登记注册，这也使其因此从竞争对手中争得了大量的市场份额。SEC 的监管不仅规范了网贷市场的秩序，也使得其他平台由于过高的运营成本而退出市场，促进了行业集中度。

社会对网贷的关注越来越高，中国的监管迟早要来。几位创始人觉得，有必要去 Lending Club 学习一下经验。

2013年9月的一个周末，就在Lending Club即将迎来成立6周年之际，张俊和胡宏辉来到旧金山，与美国同行来了一次亲密接触。

访Lending Club之前，有这样一段小插曲：Lending Club的创始人同时也是该公司CEO——Renaud是一名律师、更是一个出了名的酷爱帆船运动的人，曾经参加过很多次的帆船环游的比赛，即使作为CEO，他每周末都会毫无例外参加当地的帆船活动。但是，当他听说拍拍贷一行将来公司拜访的时候，立即取消了当天的活动，并关照秘书随时通知更新会面时间。

当两个公司的创始人正式见面的时候，双方都掩饰不住知己相逢的感觉，特别是当Renaud得知张俊也爱运动，而胡宏辉也曾是一名律师的时候，双方的兴奋之情更是溢于言表。

随后，张俊和胡宏辉，与Renaud在业务模式层面、风险管理技术层面和监管层面都进行了非常多的交流和探讨。两个公司的CEO把双方数据进行了对比后发现，在排除了货币汇率的影响和购买力不同的因素之后，Lending Club在总成交金额、融资金额和月收入上面有较明显的优势，而拍拍贷在贷款成交的复合增长速度、投资者收益、人均业务处理能力上面优势明显。这些数据的对比使大家得以了解中美领先的网贷平台间的差异，Renaud对拍拍贷的业务能力大为惊讶，并评价拍拍贷完全有望成为下一个Lending Club，并引领中国乃至全球的互联网金融领域。

在监管层面，拍拍贷两位创始人发现，个人信用信息的披露是至关重要的一环也是监管者所关注的重点，同时也是影响放款人权衡风险和收益的重要依据。在美国，通过征信局的信用数据整合与信用评级公司如 FICO 的评分，中小微企业和个人层面的信用评价和风险定价已经比较完善，后者通过大数据等分析工具，在反欺诈、催收、资产保全、放贷审核方面建立了相当完善的打分机制，可为网贷平台提供值得信赖的信用数据支持。相比之下，我国网贷平台确实也在探索性地建立包括收入认证、学历认证、身份认证、信用报告、实地认证等在内的信用评价指标，但还缺少央行征信系统的支持，缺少失信惩戒制度和失信责任人行业禁入制度，而且专门的中小微企业及个人信用评级公司还基本处于空白。

这个差异让张俊印象深刻。拍拍贷和 Lending Club 所处的中美两国在传统金融的发达程度上有所不同，造成了两国国民在信用建设和信用习惯上也有所不同，也造成双方在处理具体的业务时采取的具体方式不同。这些不同其实也代表了最典型的网贷模式在中美两个大国之间的发展之路。Lending Club 是对美国现有金融体系的优化，而拍拍贷在中国，还在为传统金融没覆盖到的需求者解决有和无的问题，从普及信用借款概念，到征信、风控，一切都要从零做起。

在交流中，拍拍贷的创始人还发现了双方许多共同之处：双方均认可作为网贷平台应严守网贷本义，坚持债权债务关系一一对应；双方均认同网贷平台应该不担保不设资金池，平台应该始终处于一个独立的、提供服务的第三方平台的角色，风险由借贷交易双方自行承担；双方都认为网贷行业作为互联网金融不可或缺的一部分，能够为经济和社会发展带来越来越多的促进作用。

拜访 Lending Club 之后，张俊再一次意识到，在中国做网贷是一件需要耐心的事情。在这个过程中，需要时刻保持对金融的敬畏之心，保持与钱“1 厘米”的距离。而对于拍拍贷来说，盲动不如缓动。“对于我们来说，以不变应万变可能是更好的选择——不变的是网贷模式的根本优越性，而变的是国家政策和社会大环境的成熟度。我们并不急于一时的规模领先，更在意政策法规上的可持续。急于求成者或因生存压力，或因急功近利；我们能理解，却不能同路。”

2016年被称为中国网贷监管元年,《网贷机构业务活动管理暂行办法》正式公布，界定了网贷内涵，明确了网贷活动基本原则，重申了从业机构作为信息中介的法律地位，以负面清单形式划定了业务边界。对比条款，拍拍贷成为了人们眼中最合规的平台之一。

监管是金融部门任何新业务成熟过程中的正常现象，网贷也不例外。很明显，网贷行业监管的“临界质量”在前几年已经达到，而该过程在今天刚刚全面展开。这是对于网贷行业中投资者和借款者的好消息，一个强有力的监管基础是行业的长期健康发展的关键。

挥泪斩马谡

李铁铮的加入，为拍拍贷带来了丰富的中小微企业信贷业务经验。随着公司的发展壮大，拍拍贷发现用户有不同的行为特征，开始尝试将业务分成三大事业部：电商、个人消费、小微企业部。

拍拍贷只有十几个人时，公司谈不上分工，几个创始人都是身兼多职，且职责一直在变。把业务按事业部划分后，除了顾少丰继续挑起技术的大梁，其他三位开始各自负责一条线的业务。回顾这段时间的经历，几位创始人颇为感慨。

李铁铮负责的是电商业务，拍拍贷是李铁铮的第二份工作，在民生银行的几年风险经历，让他养成了做事板板正正的习惯，喜欢有明确的目标。2012年初，拍拍贷与当时最大的外贸 C2C 网站——敦煌网开展战略合作，为其网上数百万外贸电商卖家提供融资服务，此外也通过网络营销的方式为淘宝网的卖家提供服务。李铁铮干得还算得心应手，不过因为该项业务的性质，业务体量始终不大。

胡宏辉负责的是个人消费业务。当时的个人信贷业务不确定性很大，似乎与胡的追求严谨和稳定的性格格格不入。不过，他反而将这块业务做得很好。

张俊则负责小微企业业务。本来，让李铁铮来干这块业务更为理所应当，但张俊当时出于两个原因，主动请缨小微企业业务：首先，他的性格外向，更愿意与人打交道；其次，创业初期缺钱的经历，让他感受颇深。

因为和商业银行的业务模式类似，企业贷业务已经有了比较成熟的审核标准，所以发展得也比较顺风顺水。在拍拍贷完成第一轮融资后，企业贷业务的体量已占到公司业务的三分之一以上，也是当时唯一盈利的事业部。

谁都没有想到的是，拍拍贷后来竟主动将企业业务砍掉了，这即使在今天看来，依然是一次十分超前的抉择。企业贷至今仍是国内许多 P2P平台的重要支撑，美国的 Lending Club是做个人借贷起家的，从 2014年 3月也开始涉足小企业贷款业务，而拍拍贷则截然反。

决定砍掉这块业务的，正是当时企业事业部的负责人——张俊。

事实上，这不是拍拍贷第一次做业务的调整。2007年平台刚开始运作时，还有点广告业务，后来在启动收费前后将这块业务砍掉了，使得团队精力更加专注。但广告业务一直不是核心业务，对于整个平台的影响也颇为有限。

而企业贷业务是当时拍拍贷业务量最大、最赚钱的业务，张俊又是这块业务的直接负责人，不管对拍拍贷、还是对张俊来说，这都是一个痛苦的决定。砍掉企业贷意味着事业部解散、员工转岗，在旁人看来，张俊居然要向自己的爱将们下手，简直是疯了。但多年之后回顾这个决定，几位创始人均认为，短期来看是一个损失，长期来看则更为有益。

企业贷的好处显而易见，即金额较大，与个人借款相比，可能一笔会抵几十笔。在拍拍贷发展初期，做一笔企业贷花费的时间与做个人信用借款也完全不一样，个人信用借款需要通过互联网向很多人推广，而企业贷业务找到合作方就可以做了。

虽然看上去有不少好处，然而经过和小微企业的深入接触，张俊却认为它有很多致命伤。伴随着企业贷业务的发展，张俊对于这项业务可能产生的风险越来越担忧。

做企业贷看似有些有利条件，合作伙伴手上也有些数据。然而，企业贷往往金额比较大，某种意义上意味着业务的集中。但更难解决的问题是企业贷的资信评估，虽然有些企业已经在网上做生意了，然而其信用程度依然很难判断。

即便是拥有多年银行风险经验的李铁铮加入，亦发现银行的风险控制经验并不能照搬照抄。中小微企业的贷款，一般的金额从10万-500万元不等，甚至有些到1000万元，而网贷是信息中介，银行是信用中介，注定了做法不会完全一样。在转换的过程中，不是每一个指标都可以直接拿过来用的。对于银行，将业务设计成一套流水线，每个环节怎么走，有做质检的，有做建模的，背后大逻辑是一样的，具体做法却有差别。对于那些数据是有效的，哪些数据是无效的，网贷只能通过整个审批流程，在实践的过程中去不断摸索。

张俊和团队创办拍拍贷的初衷，多少与早期创业过程中所遭遇的融资困境有关。张俊选择负责企业业务，也是怀着美好的梦想，希望能解决好小微企业融资难的问题，既有经济效益，又有社会价值，也算是一举两得。然而，验证的结果让张俊颇感意外。

做这块业务之前，张俊的观点是企业贷款难，最根本的原因是银行对中小微企业有偏见不肯借款，存在很多未被满足的需求。然而，张俊发现大部分小微企业都在银行有贷款纪录，这个事实与张俊之前的设想有非常大的出入。

不仅如此，企业贷业务还受到一些其他的困扰。很多小企业主，年龄多介于40-50岁之间，下面一代还没有接班，不能熟练使用网络。服务这类用户，首先要教会他们使用网络，提示他们如何网上充值，不仅成本很高，服务也只能采用线下模式，不容易扩张。

除此以外，张俊还意识到经济增长速度的长期放缓，会对中小微企业的经营带来巨大的压力，产生越来越多的逾期和坏账。张俊认为，企业贷的风险，跟经济大周期的关系的紧密程度要远远大过其他类型的贷款，尽管当时风险还没有暴露。

砍掉企业贷业务的想法开始在他心里萌生，这跟拍拍贷的愿景也有一定关系。“从愿景来说，希望能服务更多人。”在张俊看来，同样一个单位的成交量，可服务个人的人数可以是企业数的百倍、千倍，从社会价值来说，完全不一样。

想法被提出后，拍拍贷的核心团队也没有在企业贷的去留问题上马上达成共识。对于拍拍贷而言，这无疑是一个重大决定，不仅涉及到事业部的众多业务人员，也影响到整个公司的发展方向。张俊将调整前、中、后的所有步骤一项一项与几位合伙人讨论，尽力获得整个团队的认同。

决策的过程很痛苦，所有的分歧，解决的过程都不轻松。达成共识后，大家都舒了口气。经历充分讨论之后，整个团队一致同意砍掉这块业务。

2014年1月7日，张俊在公司内正式宣布了两项重大决定。一，业务调整。退出小微企业市场，集中精力于个人消费用户，为数亿的未被银行覆盖的互联网人群服务，专注于成为“屌丝”们的合作伙伴。二，组织架构调整。原来的三个事业部合并为运营部门，负责用户的营销；原来三个事业部下属的风险团队合并为统一独立的风险管理部门，负责风险管理、产品研发和流程优化；新增客户服务部门，以客户满意度和口碑为核心，追求高质量的客户体验。

这个决定，某种意义上反映了拍拍贷转型的决心，即要拥抱新的模式，让平台向更轻的模式转型。轻的模式意味着更多采用技术与数据驱动的模式，逐渐减少人工干预，企业贷业务显然不适合。

与拍拍贷的决意相反，当时国内的网贷行业，出现了大量后起之秀，均采用担保模式迅速上量，主要的业务都是企业贷业务。从这个角度来说，拍拍贷的决定，可谓逆潮流而动。

拍拍贷的特立独行，当时并没有在行业内获得太多认同。张俊不时要面对投资者的压力和同行异样的眼光。据几位创始人回忆，当时在某些场合碰到一些同行，总会遭遇一些友好的调侃甚至恶意的嘲讽。比较善意的调侃是，你们拍拍贷是行业的探路者，只是现在发展速度慢了；而有些同行甚至用先烈来形容拍拍贷。在他们眼中，在行业大干快上的时候，拍拍贷的发展速度可以用龟速来形容。

逆潮流而动，说起来很简单，真正去做却需要很大的勇气。某种意义上说，这个决定也是张俊等创始人身上理想主义精神的写照。理想主义者总是尝试做有价值的事情，会更多的着眼于未来。张俊等人的出发点是想做一家有社会价值的公司，注定了其将要在小额、分散的个人领域精耕细作。

横看成岭侧成峰

互联网金融主要解决三大问题。第一，解决效率问题，互联网是高效率的，而银行是公认的缺乏效率的机构。很多人贷款是短时间的资金周转，所以不仅仅是“缺钱”，而是“缺及时的钱”。因此银行的效率远远不能满足借款者的真正需求。第二，解决的是成本问题，相较银行而言，互联网提供了一个低成本的交易平台。不需要那么多的网点、不需要那么多高薪金融从业人员，很多业务通过计算机系统及时完成，成本就是电费。第三，解决垄断的问题，在中国，虽然有那么多的银行，但是金融行业还是一个垄断行业。打破垄断是互联网非常显著的特征。

转型个人消费信贷后，拍拍贷发展的思路越来越清晰，业务层面也日益精进。对于拍拍贷所扮演的角色，胡宏辉有着自己的认识：“我们做传统金融的一点补充，干一点传统金融机构不愿意做的辛苦活。”

2015年初，互联网人群在 6.5亿，其中 4亿多并没有信用卡，个人市场是一片蓝海，近几年增长趋势很快。在胡宏辉看来，传统金融服务已经无法满足越来越复杂的个人金融需求，在借款端个人草根市场比企业用户更值得挖掘。“大公司可能很多银行都抢着服务，但更多的创业者可能只是在淘宝上面开个小店，或者经营一个流动早餐店、甚至可能就是摆地摊。我认为他们这也属于创业，但是对于这种微小创业者，很难在传统金融机构那里获得支持和帮助。只有这些普通大众也能享受到最普通的金融服务，才是打破金融垄断，实现普惠金融。”

李铁铮的经历则让拍拍贷更加相信能与传统金融机构互补。李铁铮从上海交大毕业后进入民生银行，当时民生银行正在筹建小企业部，他从筹备开始参与，见识了整个体系的搭建。据李铁铮回忆，当时国内银行做小企业这块业务，其实经验也不是很丰富。民生银行就尝试引入外援，当时跟淡马锡有合作，后面和美国以及泰国的一家银行合作，引进各种各样的技术，当时也经历了一个业务改造的过程。如何让这些技术适应国内的体系？是不是要动顶层设计？如何逐渐落地？李铁铮所在团队的主要任务就是为它的落地做各种工作。

民生银行在民营银行中，机制相对灵活，整个团队工作也比较努力，小企业业务在民生银行的发展速度很快。但在做小微业务的过程中，李铁铮发现两大问题。

首先，银行给小微型企业的贷款，很大程度上还是依赖专家的经验来做风险控制。专家的经验，好处是非常接地气，很容易落地，缺陷也很致命。“专家经验是不能复制的，它不是一个标准化的东西。可能一个信贷审批官在上海批的业务都很好，到了南京或者温州，信贷审批就做不好。”

信贷审批官的经验需要几十年经验的累积，这导致其不可复制。每个人的审批尺度都是不一样的，有人结果好，有人结果不好。对于平台而言，这意味着很难实现规模化，也没有效率。

另外一个挑战是，运营成本非常高。李铁铮在银行的感受是，服务客户主要通过线下。每一个客户，要经过客户经理面签。在看报表的基础上，还要关注企业的“三品”、“三表”和“三流”：三品，即人品、产品、抵押品；三表，即水表、电表、税表或海关报表；三流，即人流、物流、现金流等符合其经营特征的非财务指标。有了这些，再整合政府、工商、税务、民间社团、商会等外部资源，才能解决小微企业经营信息不透明、信息不对称的问题。

这个过程中，人力成本的耗费非常大。一单几十万的业务需要的人力成本，与几百万甚至上千万的业务相差无几。银行人员是有限的，也因此更愿意做大企业、大单的业务。

有没有方法去优化或者简化这个流程？李铁铮认为，线下小额贷款对应到每一单的作业成本很高，整套运营成本也很高，效率却很低，风险没办法做标准化的拓展，导致了这类业务没办法大规模去做。当时银行围绕这些问题，在讨论各种各样的解决方案和技术，然后再去学习。然而从结果来看，虽然在某些领域也有成果，但是缺乏颠覆性的突破。

在他看来，拍拍贷与传统金融机构，却是一个合作的关系，做的是银行目前来说不愿意去做的，或者说做起来性价比不高的业务。“比如说拍拍贷的借款客户金额一般是几千元，这些客户都是以前我们所说的‘屌丝’客户。但是他们不是说永远的屌丝，他们未来会有发展的。”

而在张俊眼中，网贷与小贷公司、银行等传统金融机构最大的区别，正是将互联网与金融结合，有效降低了金融的门槛。2013年十八大三中全会正式提出发展普惠金融以来，网贷在爆发增长的同时，也被赋予了普惠金融的使命。与其服务已经被传统金融覆盖的企业，拍拍贷更愿意普惠中国大量未获得消费信贷服务的个人。

“网贷平台小额、分散、信息中介的定位决定了其更适合服务个人，而我国还有数亿互联网非信用卡人群，其消费信贷需求尚未被满足。服务个人、服务消费，才能真正做到普惠，使金融服务触达中国最广大的平民百姓。一些重资金端、轻资产端的网贷平台则不屑于此，非大标不做，一年下来服务的借款人数量只有几百几千，怎么称得上普惠呢？”

企业贷问题频发，已经开始推动不少平台向个人消费信贷转型。这种转变并不是对过去服务小微企业的否定，而是网贷本身的定位与需求使然。张俊回过头来想一想，网贷也许天生就是服务个人、服务消费的。

今天，我们从监管和市场的角度来看，也能得出相同的结论。

与企业贷相比，具有小额分散特征的个人消费信贷，不仅更符合监管的要求，风险也较为可控。从产品层面来说，网贷做个人消费信贷可以做到数据驱动，摆脱传统银行的线下审贷模式，不仅能迅速响应个人随时随地的消费金融需求，还可以通过大数法则来有效分散风险。

消费已成为我国经济增长的第一动力，消费金融市场方兴未艾，而消费性信贷受经济周期影响小，处于风险传导的末端。个人消费信贷在更好地践行普惠金融使命的同时，还能促成投资者与平台的共赢。由此看来，服务个人、服务消费，其实是天生的，也是网贷的正途所在。

复利式增长

沃伦·巴菲特几乎是股神的代名词。从1965年至今的50年中，巴菲特管理的伯克希尔的股价从11美元上涨了2.05万倍。他因此登顶全球首富，也创造了一份史无前例的投资回报纪录。

到底每年要有怎样的业绩，才能成就这份史无前例的纪录？有人做了一份巴菲特50年间的收益数据统计表。从统计表中可以看出，就巴菲特的每年投资收益率讲，在50年中，他仅有一年超过50%；年收益率区间占比最高的，是在10%以内。21.97%，是巴菲特过去50年的年均回报。

21.97%的年投资回报似乎并不出色。真正让巴菲特傲视群雄的，其实是复利效应。巴菲特有句名言："复利有点像从山上往下滚雪球。最开始时雪球很小，但是往下滚的时间足够长（从我买入第一只股票至今，我的山坡有53年这么长），而且雪球黏得适当紧，最后雪球会很大很大。"

巴菲特在投资这条山坡上，整整滚了50多年的雪球，这是绝无仅有的。在这期间，好多竞争者都退出了，而巴菲特还在跑，这也让他跑赢了对手们。

张俊等人特别欣赏巴菲特所推崇的复利式增长。在他们看来，企业要想做成一家百年老店，做一家可持续发展和经营的企业，必定有个打好基础的过程，将商业价值和社会价值结合。每年进步一点，将雪球滚大一点，长期坚持下来总有惊人的回报。

拍拍贷的成长也是复利式的，这导致起步最早的拍拍贷，前几年不断被同行超过。不过，这也让平台有机会去打磨很多东西。平台的掌舵人坚信，互联网金融是一个大趋势，忍受寂寞，可以让他们更早更快地犯更多的错误，吃更多的苦，测试更多的可行性和不可行性。在经历了数次九死一生的关键抉择之后，拍拍贷的业务终于步入正轨，开始了跟上行业、甚至以逐渐超过行业的速度增长。

在互联网行业，一年增长 10 倍也很正常。不过，拍拍贷并不过分追求增长速度，反而有意识地在控制，2014 年起把每年增速控制在 3-4 倍左右。拍拍贷的逻辑很简单：我们做的是金融业务，风险是滞后的，需要时刻保持耐心和敬畏之心。

张俊曾经讲述过这样一个故事："我有一个同学，大学期间我们曾一起创立过摇滚乐队，他是我们的主音吉他。毕业后，大多数人都选择进入了大型企业，而他，则出人意料的远赴德国，做起了安稳的程序员。多年后，大家都以为他要一直呆在德国，他却又出人意料的放弃移民回了国。他不再写程序，他开始画画。

当我第一眼看到他的画时，我被震惊了。他的画是一种非常奇怪的，自己独创的画：远看是典型的中国水墨山水，非常古典；但近看，每块石头每棵小树每朵浪花都是用手工点绘的奇怪而精致的图案'组装'而成，比如怪兽，比如贝壳，比如机械，非常后现代。

我被震撼的是，这种画，不讲创意如何，单就创作的过程，需要耗费多少的精力？我问他为什么选择或者创造了这样的作画方式？他说，很简单，我不是科班出身，不能像专业人士一样，几天、几周就出一副画。我的画，需要几个月甚至一年以上的时间。跟他们相比，我的规划更长，我有耐心。其他人根本不是在做一种艺术，别人也没法和我比。”

该同学的话语击中了张俊。这和他们创立拍拍贷时的想法何其相似！从一开始，张俊等人就想把拍拍贷打造成一家与众不同的公司：不以短时间来规划，不做其他公司喜欢做的一年、三年计划，而是更专注于能够带来长期价值的事情。

保持长久的耐心去追求长期价值，已变成了拍拍贷的基因。著名投资人 Michael Moritz 曾经这样论述企业基因：“一个公司的基因早在它最初的 18 个月就被决定了。此后公司不可能再有什么大的改变，如果 DNA 是对的，它就是一块金子；如果不对，那基本就玩完了。”

而企业的基因，是决定其将如何成长的最关键的内在因素。一个企业的局限性取决于最能影响这个企业的内在因素的局限性。如果一个企业的最关键内在因素是它的创始人，那么这个企业的局限性就是其创始人的局限性；如果一个企业的最关键内在因素是它的核心技术（或特定领域的智力资源优势），那么这个企业的局限性就是其核心技术的局限性；如果一个企业的最关键内在因素是他的制度和文化，那么这个企业的局限性就是其制度和文化的局限性。

拍拍贷的基因，注定了其业务开展不会急功急利，而是始终关注商业价值和社会价值的统一。但想要达到发展不设限的境界，还需要强大的执行力。

张俊也在向员工反复强调这一点。在 2014 年的公开信里，他写道：“什么是执行力？在我眼中，执行力首先是一种兵来将挡，水来土掩的勇气、能力、和结果。我们是创业者，我们会遇到无数的困难，经历过的、没有经历过的，简单的、复杂的，解决问题就是我们的使命；遇到问题，不顾一切，更快更好地解决问题，这是根本。结果导向、数据导向是方法，能帮助我们更好的完成目标。我希望拍拍贷是一个拥有可怕执行力的团队。目前我们还不够可怕，但我们将来会是。

有人曾问我，拍拍贷经历了哪些困难？我脱口而出，拍拍贷从未顺利过，我们一直在与各种困难作斗争，解决问题，不断前进，然后再遇到困难。我想，在困境中解决困难就是拍拍贷成长的主旋律。未来无论我们有多大规模，无论我们发展到何种阶段，我们需要相信，需要坚持我们的信念；我们还需要常怀变革之心；我们需要强大的执行力。有了这些，我们可以直面未来，我们可以继续疯狂我们的初始之心。”

到了 2016 年年底，在创始人和所有员工的一起努力下，拍拍贷平台注册用户超过了 3000 万，无论从品牌影响、用户数还是平台交易量方面来说，都已在行业内占据靠前位置。

第六章

海纳百川

21 世纪最缺什么？人才！

对于企业而言，影响其发展的因素有很多。然而，对于一个处于高速成长期的轻资产企业而言，人才无疑会决定它的发展轨迹。

合伙人文化

作为网贷在国外的范本，全球的网贷平台之父，英国Zopa网站的创始人兼CEO菲利普·里斯创业之前，曾长期在美国运通工作。他认为，网贷平台的运营学问很大："在过去的36年中，我在不同的机构里从事借贷业务，我的体会是，借钱出去容易，但把钱收回来很难。"

"我们尝试过 N多不 work的路径，掉进过 N个坑。刚开始我们低估了金融行业，认为通过互联网改造金融就像改造零售行业一样轻松，事实上远非想象中那么简单，钱借出去容易，收回来很难。"回顾创业史，顾少丰发出了同样的感慨。

有人说，拍拍贷开启了中国网贷行业的历史，功不可没；也有人说，其引用的纯信用模式在中国行不通。而现在，顾少丰可以自豪地讲，这条路已经走通了。一个很大的原因是，他有着靠谱的合伙人，在路上并不是单打独斗。

"合伙"其实是一个极其古老的概念，不仅是西方，在中国，如果从广义上理解合伙人，刘关张的桃园结义就是一群志同道合的人为了一个目标聚集在一起。一群性情迥异的人能成为合伙人，离不开相同的使命感和信念。

2006年，拍拍贷四位合伙人还在与互联网金融不相关的领域各自忙碌。顾少丰创办的“菠萝网”成为了当时国内最大的播客聚合平台；张俊正在微软效力；胡宏辉在职业律师路上乐此不疲；而李铁铮刚进入民生银行小企业部。

四个人合伙，并非刻意的选择，而是在创业的过程中，很自然地走到了一起。回顾四人的经历，倘若单打独斗，每个人似乎都缺乏商人的潜质。譬如，顾少丰非常自我，喜欢剑走偏锋；张俊比较擅长与人交往，给人感觉如沐春风，却总把情怀挂在嘴边；胡宏辉对政策敏感，嗅觉很灵敏，相对而言比较保守；李铁铮执行能力超强，做事一丝不苟，不免缺乏一些想象力。

这样不完美的四个人聚在一起，却成了一个出色的组合。他们成功挑战了“千万别跟好朋友合伙开公司”的断言，在合伙创

业的过程中，相互磨合、相互扶持，共同书写着自己理想主义的故事。

每个合伙人做事的方式，都会影响到这个公司，成为文化性的东西。最早全职的顾少丰，将微软的工程师文化带到了拍拍贷。“我们的代码不但要像大公司一样严谨，还要相对更快。当去研究一些方向性的改变时，我自己也会做一些测试。”为了保持最基本的敏感度，顾少丰现在还保持了写代码的习惯。

张俊认为，近年来互联网明星公司，无论是苹果、谷歌或者脸书，其成功都有运气的成分。然而回过头来看，还是有根本性的原因。有些商人主导的公司，碰到一些问题就会变动很快，带有更强的投机性，可能根本没有机会立于时代的潮头之上。有工程师文化基因的公司则更踏实，能承担起社会责任，从而抓住真正有价值的机会。

拍拍贷追求社会价值的文化，也由几位合伙人所塑造。2008年汶川发生了地震，后来玉树又发生了一次地震，几人每次都积极地参与，除了捐款之外还免除当地借款人的债务，由公司来替他们还。张俊甚至觉得，未来还可以把网贷直接应用到真正的慈善，包括公益的事情。

“过去人们做慈善，比如捐款，你捐给中介、一个红十字会或者什么机构，但他们的运作完全不透明，这个钱到底给了谁，后续什么样子你作为捐款者，作为做慈善的人你完全不知道，但我在想，未来怎么通过网贷的方式，你可以把钱给到相应的获赠方，甚至你可以随时随地了解情况，我觉得这个其实就是一个真正具有颠覆性、革命性的真正的公益。我觉得拍拍贷未来发展，我们能够把这个系统、把这个东西做的更好的话，我们也非常愿意，可以在我们的网站上上线一个公益的频道，能够直接让那些真正需要帮助的人可以通过这个平台去获得一些资助。”

拍拍贷还做过助农的项目。此前，中国小额贷款的运营模式主要有三种基本的类型：公司+乡村银行模式+农户，如山西“平遥”模式；正规金融机构+乡村银行模式+农户，如农信社模式；扶贫协会、资金互助合作社等+乡村银行模式+农户，如河北“易县”模式和陕西“商洛”模式，这几种模式都是借鉴孟加拉乡村银行模式结合实际改良运作的。几位合伙人认为，网络模式，也许可以成为一种新的类型。

只要有社会价值、能帮助到他人，他们就马上去尝试。但在行业突飞猛进、声名鹊起时，他们却很淡定。2015年12月宜人贷上市时，有人问张俊，是否会因拍拍贷没能成为中国网贷上市的第一家公司而感到遗憾，张俊作答：“做让人尊敬的企业是场马拉松，上市是起点不是终点。宜人贷上市后，也有利于我们去更好的了解市场和有针对性地提升自己。俗话说：谋长节短，后发先至。只要我们不断提升自己，不断服务好我们的用户，我们一定可以实现我们的伟大使命。”

公司壮大后，张俊开始探索运营一家大公司的文化，从战略上做了一些思考和准备。几位创始人研究过高盛的发展史，发现如果撇掉一些运气的因素，最有意思的是文化。“它的业务非常多元化，曾经是中介业务，后来又做信托，后来又回到中介业务。业务一直在变，高盛的合伙人文化却一直没有变，对客户服务的态度没有变，对于品牌像羽毛一样珍惜的方式没有变。”

2007年以来，拍拍贷的合伙人文化逐渐变成了公司文化，其内涵和本质却一直没有变，也吸引着越来越多志同道合的人加入。张俊这样总结：

“当我们审视自己，打量他人，我们真的是如此的平凡和普通。当我们面对压力和不理解的时候，我们委屈地流泪；面对成功，我们却又没心没肺地欢乐；面对不确定，我们会害怕；面对别人走的“捷径”，我们也会嫉妒。我们中绝大多数人，没有出众的颜值，即使有，在拍拍贷也是在靠才华吃饭；我们中绝大多数人，都出身贫寒，即使不是，在拍拍贷也是白手起家；我们绝大多数人，并不聪明，我们更相信信念、努力和坚持。放在人群之中，我们是一群会立即被淹没的平凡人。

但是，当我们聚在一起，当我们这群怀揣理想主义，充满野心，不畏专业的人聚在一起，一起做梦，一起拼搏的时候，我们不再平凡；我们每个人身边，永远都有一群靠谱的伙伴，他们时刻会掩护你，帮助你前进。他们和你一起跌倒，再搀扶着一起站起来。这是一件多么让人幸福的事！和一群靠谱的人，一起充满激情地做一件有意思的事，完成一项伟大的使命，这是一件怎样幸福美好的事！”

不拘一格降人才

随着业务的发展，拍拍贷的人员规模越来越壮大。如果说四位创始人是拍拍贷的大脑和心脏，那陆续加入的来自各行各业的高管人才，便是使拍拍贷变得鲜活的骨骼和血液。

在拍拍贷运营初期，平台的风控由李铁铮负责。2015 年，章峰加入拍拍贷，随后全面接手了平台的风控业务。

章峰本科毕业于清华大学计算机系，后赴美获得杜克大学 MBA 学位。曾担任美国最好的信用卡公司 Capital One 的高级总监，是当时 Capital One 最资深的华人风险决策管理人员，也是唯一一名被任命为执行风险信用官的华人。章峰在 Capital One 工作了 12 年，积累了零售信贷领域市场营销、产品设计和风险控制领域丰富的经验。

用李铁铮的话说，如果自己的能力是把拍拍贷的风险控制水平从不及格提高到 70 分，那么章峰则有能力将平台的风控提高到 90 分。

以章峰的从业资历，在国内的金融行业非常抢手。在消费金融业务逐渐受到关注的背景下，不仅互联网金融行业对于风控人才求贤若渴，很多传统商业银行亦对他抛出了橄榄枝。拍拍贷给章峰提供的薪酬，并不比其他公司高，甚至还低于某些竞争对手的报价。然而，他最终选择了创始人更靠谱的拍拍贷。

拍拍贷的几个创始人中，顾少丰是技术达人，张俊擅长管理和营销，胡宏辉有法律背景，李铁铮偏风险控制。尽管每个创始人都有自己的专长，但每人对自己的能力边界都有着清醒的认识。章峰及后来每一位人才加入，几人都会量才适用，充分放权。

拍拍贷首席技术官王宏加入之前，是国内最大的网络游戏服务网 5173.com 的 CTO，从最初的产品技术团队组建，到交易平台持续优化一直起到主导作用。后来加盟拍拍贷，不仅接受了降薪，还接受了降职，刚来时仅任技术副总裁。不过，当王宏的能力被验证后，顾少丰辞去 CTO 一职，让王宏全面接手。

首席产品官王玉翔，曾在百度、欧朋等知名互联网公司成功带出多个亿级用户的移动产品。他加入拍拍贷，也是降薪过来的。作为一个在北京工作的上海人，王玉翔当时想要回沪安家；不过作为一个出色的产品经理，他更看重是否有施展才华的舞台，拍拍贷正是这样一个舞台。

拍拍贷“魔镜之父”顾鸣，当初在另一家互金平台面试时，因为对方的一个小小举动放弃了那边待遇更为丰厚的 Offer：当面试即将结束时，该公司一位高管笑话顾鸣的房子买得太偏了，与他大谈房子的选址问题。顾鸣觉得，有如此鸡毛蒜皮的高管，公司的运营也可能会存在一些隐患。而拍拍贷几位创始人的真性情及对理想的追求，最终吸引了他的加入。

而让高管们感受最为深刻的，是拍拍贷内部的民主氛围。作为公司 CEO 的张俊，整天和员工混在一起，没有半点架子，被亲切地称为“大叔”。公司最近一次搬家后，才因对外接待之用，给张俊设了独立办公室。以前拍拍贷开会时，大家都是站着，为的是追求平等和效率。

对于业务上的重大决策，几位创始人的话语权并未超过高管。陈平平毕业于复旦大学法学院，之前在一家地产公司从事投资与法务工作。敢于直言不讳的她加入拍拍贷后，就事论事坦诚沟通，甚至主动“作死”，在会议上“不给 CEO 面子”。不过，陈平平与张俊的碰撞并未被“清算”，反而从法务与政府关系的负责人逐渐被培养为数据科技业务的主要负责人。

加入拍拍贷的高管，还有着各种各样的故事。有的人放弃了国外舒适的生活和高额的年薪，放弃了各种大小银行和互联网大公司的机会，成为拍拍贷的一员；有的人耗脑过度，一边头发不断退却露出了事业线，一边又继续沉下心加班加点为用户研发产品；有的人跟丈夫两地分居，自己既要照顾年幼的孩子还要承担工作的挑战，每次去外地出差都要带着孩子和保姆全员出动……

对于这些高管的付出，张俊心怀感激。“我们有一个特点是，所有的高管都能够撸起袖子来干活，这是公司文化的一部分。”正是有了高管及其团队和创始人的通力协作，拍拍贷的理想主义才得以实现。

在最早全职的顾少丰看来，每个全职加入公司的人，都给拍拍贷带来了新的变化。“张俊过来以后，就带来了很多管理的东西，他会阳光很多，开放程度也就更高；胡宏辉过来后，带来了很多严谨的东西；李铁铮过来后，带来了对风险的判断，还有他很倔强；章峰非常理智，逻辑化和专业化程度很高；王宏技术能力很强，但非常和善；HR 的负责人是特别坚强的女性，特别难的问题都能搞定。”

顾少丰认为，拍拍贷像是一个熔炉，是各种基因融合的地方。互联网的一个挑战在于发展实在太快，每年业务成倍增长。因此，融合变得非常重要。但拍拍贷的文化更像腾讯，讲究有商有量的融入。与传统行业相比，互联网金融是完全不同的东西。能力自然以专业为标准，但把各种思维融合为一的企业文化本身，会推动这个公司向更好的方向发展。

为了激发人才的创造力，张俊在内部搞了很多创业项目。表面上来说，拍拍贷只是一家公司。而实际上，拍拍贷是几家不同的公司的组合，其中包括成熟期的公司、孵化期的公司，甚至处于更早期的公司。不同的团队做不同的事情，采取不同的方式和策略。大部分情况下，拍拍贷会给予人才尝试的机会。“效果好就扶持，不好的话再改。”拍拍贷允许不同的做事方式，这样，小公司也许能做成大公司做不成的事情。在张俊看来，目前公司的组织架构有点类似于一个大家庭，如果老大哥开始赚钱了，就去养一些弟弟妹妹，未来弟弟妹妹也会长大成人。

早期艰难的招人经历，使拍拍贷至今求贤若渴。对于人才的标准，张俊说：“我们更喜欢用结果来验证，看人才与拍拍贷是否能产生化学反应。”

魔镜魔镜告诉我：风险到底是什么？

互联网金融并非简单把传统金融机构的业务放到互联网上，如何利用科技的手段去解决风险管理的问题，对于互联网金融领域来说至关重要。拍拍贷的解决方案是，自主研发基于互联网大数据的“魔镜”风控系统。

对于今天的互金平台风控而言，“大数据”几乎是一切的前提。大数据与移动互联网的实时数据追踪允许我们以长期、庞大的参数来量度事物，而非传统经济思维的简化、间断性抽样检测。在传统经济思维下，数据的提取、储存、分析无疑等同处理的杂音般的人力资源浪费，而“大数据”的来临改变了思潮。

不过，回到拍拍贷成立的 2007年，“大数据”还养在深闺无人知。拍拍贷开始就重视数据积累，虽然有运气的成分，但更少不了超前的预判。在视频领域，顾少丰曾经见识过竞争的残酷，利用资本的方式，优酷很快改变了行业的竞争格局，很快合并了土豆。因此，在拍拍贷创业之初，他们做了个竞争力分析，判断哪些可以变成长久的竞争优势。

“我们会关注哪些会演化为长期的竞争优势，”顾少丰说，

“时间积累下来的那些数据非常有价值，就算有钱也买不到的时间，这就是拍拍贷的竞争优势。”

创业初期，张俊判断，房、车抵押贷、担保贷等虽可以很快做出规模，但不是未来的大趋势。他坚持认为信用社会才是大趋势。在早期人工审核的时候，他们就开始收集和分析各种各样的数据。转型线上后，团队做搜索的创业经历对数据收集起到了很大帮助。实际上，如果没有当年对于数据的积累，后来的“魔镜”系统只会是无本之木。

2009年初的时候，拍拍贷遇到了一个好事：公安部下面专门做了一个信息平台，居民的身份信息可以对外开放，可以商用了。换句话说，很多数据信息可以做验证做比对，不用人工去看了。这很大程度上提高了他们数据的准度和审核的效率。

除了公安部身份证信息查询中心，拍拍贷还与十几家权威的数据中心逐渐建立合作，通过数据查询借款人的身份信息。除此之外，拍拍贷与支付宝、敦煌网、慧聪网、盛付通、马可波罗等平台的合作，也使得用户信用得以共享。

用户越来越多，积累的数据也越来越多。几人随之发现，有一些用户会违约，有一些用户会按时还，违约的客户中有一些违约长有一些违约短。如果分析到底什么样子的用户可能违约，就可以找出一些共同特征，这些共同的特征可以组成对一些人风险评估、风险评级的数据维度。

有了足够的数据后，张俊觉得，或许可以开始建风控模型了。

“理论上讲任何人都有可能借贷不还，只是概率高低的问题。我们建立风控模型的目的，不是在60亿的地球居民中找到一个永远不会逾期不还的人，而是我们要知道这个人借多少钱的状态下，他的违约概率是多少，我们解决的是这个问题。如借 300万元，借贷不还风险为 80%，而借 20万元，借贷不还风险几乎为 0。风控模型帮助投资人知道自己的风险的边界在哪里。”

随着拍拍贷数据分析能力的进一步提高，其关注的用户数据不再局限于银行的那七八十项（包括：工作收入、有无家庭、生育情况等），而是变成了 400多个维度，有些用户的考察维度高达数千个。

这些维度，其实就是用户在互联网上留下的各种数据、行为轨迹等，比如用新浪微博有多少粉丝，粉丝数量，每天转发什么样的微博，关注什么样的人，发表什么话题等等。张俊举了个简单的例子：“我们注册页面要填十几条信息，正常人走下来大概三四分钟，因为一般来说他会犹豫一下；对于那些注册特别快，花一、两分钟完成，或者六、七分钟完成且不断篡改的用户，我们数据挖掘发现是高风险群体。”

这些看似没有关系的数据，其实背后蕴藏反映借贷风险的规律。不断扩展关于一个人的数据维度，不断做逻辑分析，这些数据信息一旦进入风控模型，就将成为拍拍贷对用户进行信誉评级的参数。

“数据与数据之间在足够动态和大量的条件下，会帮助我们找到规律。举一个例子，在我们积累数据的早期，凡是有用户违约，我们就会把这些用户的数据放在互联网上搜索，我们会搜集这些用户在网络上的行为，比如我们会搜索到他在某些网站发表过的一些不良言论，会由此得出互联网上有这样信息的人群可能是高危险人群。但是，这仅仅是可能，我们需要不断通过放贷、用户还贷的情况、是否逾期等数据，来验证这些信息与放贷风险的关系，从而不断优化我们的风控模型。”

很多数据，拍拍贷还暂时不知道该怎么应用，便尽可能的保留。顾鸣后来加入拍拍贷时，发现拍拍贷积累的数据已经颇具规模。

顾鸣在大数据领域经验丰富，本科即获得全额奖学金，毕业于美国格林内尔学院（Grinnell College）计算机系，后获得加州理工学院（Caltech）计算与神经网络博士。在加入拍拍贷之前，拥有超过14年数据分析建模经验，曾在奥普诺管理咨询（Opera Solutions）担任重要职务，为大量商业银行、投行、私募客户提供量化分析和模型方案。

顾鸣不是拍拍贷请来的第一位博士，在他加盟之前三四年，拍拍贷也曾请了一个博士帮忙建立模型。对于广告、搜索等业务而言，只要比竞争对手稍微精准一点，就意味着很好的回报。而金融行业对数据精度的要求更高。那个博士折腾许久，发现当时数据量不够，最终算法做出来精度不高，只能半人工半数据的方式来传递，感觉自己难施拳脚就离开了，拍拍贷还是在靠以前的方式运作不断积累数据。

而后来入选上海浦东“百人计划”的大数据专家顾鸣加入时，

很多数据的积累都已经到了一定的体量，可以进一步优化精度，正好能将他的能力发挥出来。

顾鸣所带领的团队是拍拍贷知识密集度最高的，六十几个人的团队中，有多位知名大学的博士，这些大数据、机器学习和人工智能领域的专家济济一堂，可谓人强马壮，顾鸣本人也有了更大的施展空间。

在顾鸣的领导下，2015年 3月，拍拍贷对外发布了历经 8年打造的“魔镜”风控系统。该系统被认为是行业内首个基于大数据的风控模型，也是首个能准确预测借款标的风险概率的风控系统，当时，拍拍贷已有600万左右在线用户、积累了近40亿条数据。

在互金行业中，“魔镜”无疑是一项重大创新，其采用了大数据、机器学习的方法，采集借款人各个维度的数据判定其违约概率、违约成本，给出相应的贷款额度、利率区间和风险定价。

据了解，目前拍拍贷的信用风险识别模型中，维度达2000多个，一个人的参考因子就有 400多个。传统的信贷审核信息只占纯线上风控审核的 40%，更多的是基于互联网行为、社交关系及网贷黑名单的互联网大数据。

根据拍拍贷大数据，“魔镜”有了一些有趣的发现。除验证了已婚人士比未婚人士逾期风险低这样普遍适用的结论，“魔镜”还得出了“填写身份证 /银行卡号的速度在 13秒的借款人信用情况更优，每慢一秒或者快一秒，逾期风险概率就会上升”这种基于互联网行为更精确的结论。

在目前我国投资理财环境尚不成熟的情况下，线上模式对平台的风险识别能力要求很高。“魔镜”风控系统通过对积累的海量数据的筛选、分析，跑出了能够对借款人做精准风险评级和定价的数据模型，且经过充分暴露的风险数据验证，其准确度不断提升。凭借良好的风控系统，拍拍贷的逾期率远低于行业，并仍不断降低。

2016年 4月 8日，由上海市金融工作委员会、上海市金融服务办公室主办的“2015年上海金融创新奖”正式揭晓。拍拍贷自主研发的“魔镜”风控系统荣获三等奖，是自该奖项接受互联网金融新业态申报以来唯一获

奖的风控项目。由于拍拍贷魔镜风控系统跟踪了整个风险暴露的过程，在判断个人小额借贷方面的数据过硬，目前，已经有一些试图拓展个人小额信贷业务的城商行，向拍拍贷伸来了合作的橄榄枝。未来，拍拍贷对外进行后台风控能力的输出也不无可能。

大数据风控的理念，也让拍拍贷得到了资本的青睐。红杉资本2014年接受采访，被问到为何投资拍拍贷时，表示：

“拍拍贷的风控模型很有意思。第一，大数法则。第二，时间价值。拍拍贷已经做了七年，贷款并不是今天借钱明天还，对于一笔贷款到底有没有违约，起码要看完贷款流程。贷款就像酿酒一样，把酿酒的料放到酒坛子，三四年后酒成熟了，尝一尝才知道酒是否好。如果连开盖的时间都没有到，怎么看酒到底好不好呢。而拍拍贷，每一年我们都能够清晰地看到他们的坏帐率和违约率。

N个独立事件，如果概率相同，那么它的风险是单独风险的Σ/N。1万元贷给1个人和1万元贷给100人，当然贷给100人的风险会比原来减少90%。拍拍贷在线上坚持做小面额、大数量的贷款，从贷款的资产构成来说，他们天然的风险要低。

说到大数据，那么前提是需要足够的数据可供分析。拍拍贷目前有上百万笔贷款，在这样的情况下才能有足够的数据做实验。”

第七章

移动之路

水能载舟，亦能覆舟。

毫无疑问，拍拍贷的创立源于技术创新。然而，长江后浪推前浪，在互联网江湖中，很多先行者成为了先烈。拍拍贷在激烈的市场竞争环境下，持续保持了旺盛的生命力，还是得益于拥抱技术创新。

这一次生死攸关的抉择是移动化转型。

转型之辩

拍拍贷的创立，实际上是技术创新所带来的机会。水能载舟，亦能覆舟。张俊等创始人深刻明白这个道理。

“如果移动化这波机会没抓住，拍拍贷就死掉了。”顾少丰如此评价移动转型之路。

张俊全职进入拍拍贷之后，曾经力主推行收费模式。在他看来，企业要活下来，不能只砸钱，在用户基数相对较小的状况下，早收费是明智之选。虽然交易额因此一度降到零，但随后从首次6000元的月交易额逐渐多了起来。随着国家权威数据源的开放，拍拍贷摒弃了人工审核的繁琐步骤，在系统上也有了突破和调整。2009年收费后，公司进入了良性发展的轨道。

而移动的转型之路，则是拍拍贷已经完成几轮融资，业务发展蒸蒸日上的背景下发生的。当时拍拍贷似乎已经脱离了危险区域，不必再次进行生死抉择。

然而，张俊认为，互联网结合传统金融，一方面是IT技术创新，导致以前的低效率环节变得高效率；另一方面是金融机制创新，通过创立一些规则，可能改变很多旧机制，产生新事物。在这个过程中，移动互联网就是必须抓住的先进生产力。移动化跟场景化相关，也和技术能力相关。公司发展到现在，每一波都会有不同的挑战，如果能够抓住移动互联网这一波，拍拍贷有可能成为更出色的公司。

截止 2014年底，拍拍贷的业务基本在 PC端。而当时伴随着智能手机的普及，移动化趋势已经出现。2014年，大量 O2O、电商等手机 APP出现，用户在快速迁移，从互联网金融的角度来看，支付宝等第三方支付正逐步走向线下，这些都是移动互联网带来的趋势。

当时网贷领域的主流还是 PC模式，反而是成立较晚的借贷宝最早试水移动化。不过，几位创始人敏锐地觉察到，尽管 PC还是主流，移动却会很快带来巨大的冲击，转型的时机哪怕只晚半年，差别或许就会很大。

从 PC端向移动端转型，与之前平台的几次决策类似，内部存在很大的争议。有意见认为，PC端业务刚见起色，再次开辟第二战场或许太过冒险。还不如集中优势兵力，先将 PC端业务做好做精。

张俊却认为，移动化是拍拍贷发展历程中一个非常重要的节点，如果贪图舒适，后果将不堪设想。面对争议，平时好说话的张俊与顾少丰异常坚持：“不转型移动端，拍拍贷很快就会死！”于是，管理团队当机立断，拍拍贷再次挑战舒适区，将资源投注于不确定的领域。

PC与移动是两个截然不同的领域。原来内部没有做移动的人才，拍拍贷就邀请了王玉翔加入。王玉翔是一位经验丰富的专注于移动领域的产品经理，在他的职业生涯中，所开发的产品的用户累计已达到数亿。虽然如此，他当时对互联网金融却并不了解。于是，在刚进拍拍贷的半年时间里，他每天都找负责风控的章峰去补课，经常开会到晚上九十点钟。

拍拍贷的移动化，不仅需要抓住用户向移动端迁移的机会，某种意义上还相当于业务流程的再造。移动化伴随着自动化，PC端还需要人工，移动 APP则希望摆脱人工干预。无人工干预不仅意味着更低的成本，更高的审核效率，还避免了主观因素的干扰，杜绝了内外勾结骗贷的发生。

从前端信息的自动化收集，到后端风险的自动化判断，拍拍贷的移动端需要保证整个链条的逻辑性和合理性。王玉翔发现这实在是个棘手的活，但也激发了他的斗志。短短半年内，在产品技术上几乎没有人才储备的情况下，王玉翔很快将团队搭建起来，借款和理财 APP均在 2个月内开发完毕。2015年 5月，拍拍贷的移动端产品开始上线。

与生活服务类的APP相比，金融类的APP功能更加复杂，拍拍贷初级版本的APP客户体验很不成熟。对于IT部门而言，更是相当于要同时运营两套系统，每天加班也难以满足迭代的需求。此外，移动化在技术、员工、设备、投入方面均存在巨大挑战。

而拍拍贷作为成长性公司，资源永远是不够的，这也逼着王玉翔的移动团队不断挑战自己，去完成看似更不可能完成的目标。

功夫不负有心人。虽然压力很大，大家都有拼命赶路的感觉，但结果却让人惊喜。2016年拍拍贷的目标是180亿元的交易额，年末的数据是198亿元，超额完成了任务。而经过了一年半的积累，移动端业务已经超过PC端，自动化效率也大大提高。2016年年会上，张俊宣布，移动团队获得了拍拍贷当年的“超级团队奖”。

第五个假设

2006年，当张俊、顾少丰等人打算做拍拍贷的时候，几乎所有的人都不看好他们。一些朋友说，在中国，只有银行等持牌机构才能做金融，否则都是非法集资，是高利贷，是违法犯罪；另一些朋友说我把钱借给亲朋好友，都很少按时还的，把钱借给陌生人怎么可能还钱？中国人是不讲信用的。

2014年底决定转型移动之时，几位创始人再次面临质疑。这时，他们回想起了支撑自己走到现在的四个重要假设。

第一个假设，是中国传统的金融系统存在严重的低效率。

中国金融体系的重要特征之一是其程度极高的垄断性质（制度垄断）。这一特征，虽经改革而未有稍变。因为这个原因，中国金融体系被普遍认为是在改革步伐上最为迟滞的领域。制度垄断所带来的，是传统金融机构习惯于躺着赚钱，而创新动力不足。以银行为例，在3%以上的保护性利差的情况下，商业银行最显而易见的捷径就是不断扩大资产规模。有这样一条捷径可走，为什么还要去做那些看上去确定性并不高的创新？同时，金融创新也受到了体制和机制的制约，比如金融创新产品往往都需要监管部门层层的审批，这使得创新的空间不大。

近些年来，银行也在拥抱 IT，在改革自己的作业流程，提高自动化的水平，但由于体制的束缚，而未能实现较大的突破。银行现有的风控流程中，依然有着大量的人工作业，大量的信息和资料未能实现数据化，导致数据资产的利用率低。这些毫无疑问造成了银行的高的运营成本。

同时由于银行的创新动力不足，银行不太愿意涉足自己“不熟悉”的领域，比如小微企业贷款，个人小额信用贷款。

另一方面，从用户角度说，传统金融的服务和用户体验也已跟不上时代的步伐。相比互联网金融业迸发出的勃勃生机，传统银行的金融业务则显得有些“老气横秋”，营业时间死守“朝九晚五”，服务内容集中于传统的存贷业务，跨行转账收费、小额管理收费、信用卡取现收费，存款排长队、贷款等审批等。

这一切使得以银行为首的中国金融系统存在着严重的低效率。虽然银行业在中国高速发展了 30 多年，却依然为社会留下了一个巨大的空白市场。仅以央行征信系统显示的数据为例，全国有 13 亿多的人口，而真正在征信系统中有完备的信用记录的人却只有 3 亿，不足 30%。

网贷行业的出现，通过线上高效率的交易匹配方式，高效率的风险管控手段，能够真正的解决问题，为这一个空白的市场带来了希望，带来了活力，而这个市场，也为网贷行业的发展壮大提供了巨大的空间。

第二个假设，是金融体系的改革和开放是大势所趋。

中国民间金融历史久远，在国民经济和社会发展中通常具有举足轻重的作用，比如为民营企业提供灵活融资服务、活跃投资市场、提供资金增值新渠道等。去年我国民间金融市场规模保守估计超过 5 万亿元，继续呈扩张态势。于是，对于民间金融的监管思路也开始发生变化。中国人民银行研究生部党组书纪焦瑾璞曾建议，中国应该先从改变金融监管思路入手，金融业的监管也可实行分层监管，如对村镇银行、小额贷款公司等民间金融机构，监管权可以交给更熟悉情况的地方政府。可见，监管层也在形成对于民间金融“疏导为主”的共识。

监管层对于民间金融的松绑，给这个领域内更具创新意识和创新能力，更具生存能力的网贷带来希望。2010 年 10 月，央行领导对拍拍贷的模式非常肯定，认可网贷可以成为民间借贷阳光化的一条途径。后来国务院发展研究中心的调研，也充分肯定网贷的金融创新和社会价值。

2014 年 3 月两会期间，李克强总理在政府工作报告中首先肯定了互联网金融的积极意义，同时指出了监管和引导的方向。4 月，央行发布《中国金融稳定报告 (2014)》，定义了互联网金融，并确定了三个发展阶段。9 月 19 日，央行调查统计司副司长徐若金在 2014 互联网金融企业社会责任峰会上表态，认为应该采取差别化监管的思路来取代线上线下一体化监管的思路：“我们思考的方向、重点已经从要不要互联网金融，互联网金融要不要监管，转到了互联网企业自身如何自我约束的问题，如何自立的问题。”

银监会副主席阎庆民在 2014 夏季达沃斯财新夜话“互联网跨界金融：创新与变革”上指出，互联网金融的发展需要社会各界共同努力，保持开放、包容、理性的态度，处理好跨界竞争的关系，处理好创新与风险的平衡。阎庆民提出立足三点监管互联网金融：第一，立足于监管理念的转变；第二，立足于监管制度的完善；第三立足于监管方法的创新。

全国各地方也出台了互联网金融监管政策。为了促进当地互联网金融等企业的发展，北京、上海、深圳、天津、广州等地均有政策出台。例如在天津的方案中，拟设立额度为 1 亿元的互联网金融产业发展专项资金，支持行业创新发展；上海方案中，计划允许相关公司在名称中使用“互联网金融”或“网络金融”字样，并在工商登记等环节提供便利；广州方案中，落户广州的互联网金融企业如果缴纳所得税年度达到 500 万元（含）以上，并且注册资本 20 亿元（含）以上的，可以获得一次性奖励 1200 万元的最高额度奖励。

可见，国家对于民间金融的态度已经发生了根本性的变化，改革开放是大概率事件。原先民间金融让监管层担心的一些因素，比如透明度不高，规范度不够等都有可能通过互联网的方式来加以解决。可以想见，国家对于互联网金融及网贷的支持力度，将明显好于传统的民间金融。

第三个假设，是中国信用社会的建立已成为必然。

信用体系是一个国家的社会基础设施之一，也是市场经济减少摩擦、高效发展的前提。我们国家过去 30 多年的发展，以物理基础设施建设为主导，带领经济高速发展，然而在社会基础设施建设方面，却显得落后。这也使得市场参与者的交易成本居高不下，也给很多人造成了“中国人不讲信用”的坏印象。

美国能成为资本主义市场经济的老大，其完善的信用体系无疑在其中起到了巨大的作用。如今，美国的社会信用体系经过一个多世纪的演进已发展为相对成熟的机体，具有完整的组织架构、和谐的运行机制和强大的辐射功能，对促进社会稳定和市场经济发展起到了重要作用。美国企业间的信用支付方式已占到社会经营活动的 80% 以上，信用付款方式在个人支付活动中也占据了主导地位。

美国的信用报告机构出现于 19 世纪 60 年代，到目前为止已经发展为一个层次分明、体系庞大、覆盖面极其广泛的信用信息服务产业。在个人资信服务领域，Equifax、Experian/TRW 和 Trans Union 等三家机构几乎垄断了全美个人资信的所有数据信息，其辖下的信用局每年可提供不少于 5 亿份的信用分析报告。此外，美国还有 1000 多家地区信用局，他们或附属于上述三家全国性的信用报告机构，或独立运作。

2013 年国务院公布《征信业管理条例》，明确中国人民银行及其派出机构是征信业监督管理部门，依法履行对征信业和金融信用信息基础数据库运行机构的监督管理职责。条例共分八章，分别对征信机构的设立条件、征信业务规则、异议和投诉、金融信用信息基础数据库、监督管理、法律责任等方面做出了规定。

条例的出台标志着征信行业的基础规则的建立，也标志着国家正式把征信作为一个行业予以认可。条例一出，从业者颇受鼓舞，于是也出现了一大批新创企业，想要在征信行业的快速发展中分一杯羹。无论行业如何发展，我们相信，对于国人的信用价值衡量尺度将从不同的角度建立起来，随之而来的将是信用服务的大面积应用。可以想见，未来只要有交易的地方，就可以利用到信用服务，这将极大的促使交易的主体遵守契约，诚信交易，促使信用社会的建立。而这，对于直接进行“钱”的交易的网贷行业大为受益。

第四个假设，是人们行为习惯的互联网化将是大势所趋。

IDC 发布的 2014 年中国互联网产业十大预测中提到，2013 年，中国互联网用户数突破 6.18 亿，国民渗透率稳中有升，达到 49%。预计 2012-2017 年，中国互联网用户复合增长率为 6.78%。未来五年，中国互联网用户渗透率远超美国、日本等发达国家。

据中国互联网络信息中心 CNNIC 发布的《2013 年中国网络购物市场研究报告》显示，截至 2013 年 12 月，我国网络购物用户规模达到 3.02 亿，较上年增加 5987 万，增长率为 24.7%，使用率从 42.9% 提升至 48.9%。网购用户规模的快速扩张为网购市场的发展奠定良好的用户基础，释放着巨大的市场潜力。网购用户相较于网民的渗透率高达 48.9%，增长速度高出网民增速 2.3 个百分点。2013 年网络购物市场交易金额达到 1.85 万亿元，较 2012 年增长 40.9%。

2013 年 6 月，余额宝的诞生开启了互联网金融元年。推出仅仅 2 周，购买用户超过 250 万人，购买金额达 66 亿元。截至 2014 年 6 月 30 日，余额宝规模攀升至 5741 .60 亿元，用户数突破 1 亿。在艾媒咨询发布的《2014 中国互联网金融用户研究报告》中，数据显示互联网金融产品服务在网民间渗透率已达 61.3%，意味着超过六成的网民使用过互联网金融产品。其中包括了第三方支付、基于互联网的金融产品销售等。在网民对各类互联网金融产品（服务）认知度的调查中，第三方支付认知度领先，占比达到 76.3%。

所有这一切都昭示着互联网时代已经真正来临，人们对待互联网的态度已经从 2000 年的怀疑，到 2005 年的欣喜，再到 2010 年以来的习以为常。人们的行为习惯也在迅速的互联网化，从新闻与信息获取，到社交与游戏，从购物到金融服务，人们越来越依赖于互联网。可以想见，未来任何组织和个人，与其他任何组织和个人之间的接触都将完全实现互联网化。这种快速的变化将给网贷行业的发展带来巨大的机遇。

这四个假设后来都被验证成立，坚定了他们转型移动化的决心。在2014年底，行业内网贷平台已达到数千家，但热闹总是暂时的。互联网金融领域的马太效应，可能会比电商稍微弱一些，但线上的产品与服务，注定了集中度天然不会低。谁能成为赢家，关键看谁能把握住下一步的先机，进入到更大的格局。

于是，他们大胆做了第五个假设：相比PC端，移动化能进一步降低使用门槛，更好地将服务普及，是所有互联网公司必须赶上的浪潮。今天看来，这一假设是富有先见的，拍拍贷移动化的转型也是成功的。

方便、快捷、符合年轻人使用习惯的移动端APP，已成为拍拍贷具有核心竞争力的产品之一。不过，拍拍贷并没有停下来。如今张俊催着顾鸣的团队，多找一些博士，去尝试做一些更基础性的研究。

张俊认为，投入一些基础性平台型的业务，可能会成为下一波的优势。拍拍贷未来有望成为一个开放性的平台，可以让很多人基于其核心能力做出自己的应用。“表面的东西简单，重要的是把背后的动作做强，同时把一些基础能力输出。苹果手机，看起来很简单，其实后面有很多技术。我们在闷头做一些大家完全不知道的事情，这可以形容为我们的状态，希望未来能开放平台，让大家在上面赚钱。”

“要想实现拍拍贷的远大理想，我们需要经历一个不断爬坡的过程”，他这样总结。

继续爬坡

移动之路，也是创新之路。

张俊对拍拍贷在做的事，打了一个形象的比喻：银行是坐在沙发上数钱，而拍拍贷是趴在地上捡硬币。网贷作为一种全新的科技金融模式，与传统的贷款概念在本质上有相当的区别，做的是银行等传统金融机构的补充，更为小额分散。

“但趴在地上捡硬币，并不意味着我们是乞丐。利用创新，利用技术和数据，我们可以比其他人更高效率地进行小额借款，相当于造一个捡硬币的神奇工具。有谁说中国人做事必须是劳动密集型？依靠创新，我们不必趴着，站着照样能把钱挣了。”

过去几年，最让张俊得意的是拍拍贷在风险管理上的创新。

“乔布斯为苹果公司设计了一个 Think Different 的 slogan。我认为，风险管理领域也非常需要 Think Different。比如我们发明了一个视频认证，即是让借入者对着镜头宣读一份声明。里面至少包涵三点，第一个是自我介绍，第二个是承诺提交的资料是真实有效的，第三点是起誓愿意为自己在拍拍贷上的一切行为承担法律责任。我们通过对视频的分析和观察，来作为他信息审核的一个佐证。这有点像大家非常熟悉的一部美剧，叫Lie to Me。里面的莱特曼博士通过对对象的观察，比如皱一下眉、咽一下口水、或者耸一下肩，来判断这个人的心理状态，是紧张？恐惧？或者撒谎？举这个例子，也是想说明我们拍拍贷在做信用审核、风险管理的时候，我们是采用与传统不同的方式，我们在创新，我们在Think Different。

传统银行放贷的时候主要看一个人的还款能力，对我们而言，可能获取这些判断还款能力的数据并不是那么容易。所以我们需要从其他方面去找，比如非结构化数据。这需要你要有不同的思路，要Think Different。比如用户提交了一张他跟家人的合照。按传统的方式就是一张合照，只是一个纬度。现在我们会更关注照片里面所隐含的各种非结构化数据。比如照片是在哪拍的，跟合影的人关系怎么样，拍照的状态怎么样，这仅仅是一张照片就可以反映出来的信息，其实还可以深挖。这些数据维度拓展起来，一个人就有上千条数据，我们在数据深度挖掘方面不断创新。”

而这种“Think Different”的风险管理创新，最终积累成了拍拍贷的“魔镜”风控系统。事实上，从将尤努斯“穷人银行”引渡回国，开创网贷模式，直到移动化、自动化转型，创新始终是拍拍贷的立身之本。2013年 11月 19日，拍拍贷拿到了上海市科学技术委员会颁发的“上海市高新技术企业”证书。

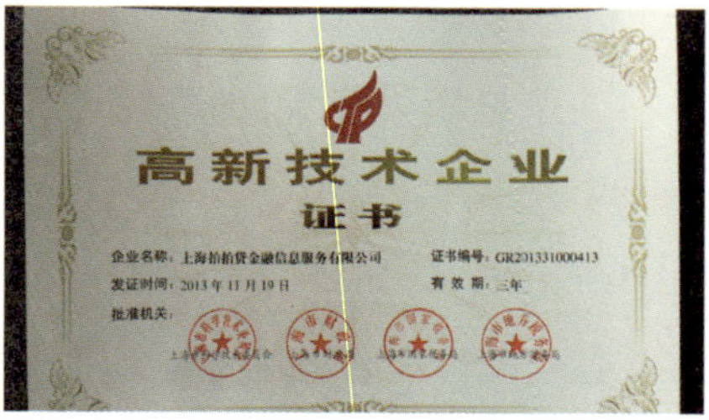

拍拍贷做的业务，创新的方向很简单：让借出者得到更多保障和获得更好的收益，让借入者更快更便捷地获得借款。

就借款人而言，拍拍贷的用户并不是高富帅，而是从现有的金融机构拿不到钱的普通人。在拍拍贷平台上，用户的信用得到了充分的挖掘，并不需要达到某种高度才能实现自身借款需求。在借款人从申请借款到获得借款的周期方面，拍拍贷也借助自动化成倍地缩短。

对于有闲置资金的出借人，若是通过银行购买理财产品，低端一点的需有至少5万元的起底资金，通常的信托则需有至少100万元起，有着较高的准入门槛。但在拍拍贷平台上，用户也可轻松实现闲置资金的理财，一方面，对于资金并不充足的用户，哪怕只有50块钱也可以成为拍拍贷平台上借款用户的出借人；另一方面，拍拍贷本身也希望出借人能做一个小额分散的投资，用大数法则来实现稳定的回报。

在创新的路上，张俊的感受是，通过技术手段来解决借贷过程中的风险管理和成本控制是行业的两大难题，在前期也极容易产生亏损，但是绕开这两大行业难题去搞“创新”业务并非长久之计。揠苗助长的创新并不能让行业健康地发展，甚至急进的创新还有可能葬送行业的信誉。

近几年，网贷行业异端突起，一些本土特色的所谓“创新”愈演愈烈，比如，为了促进成交规模，网站使用了担保、风险池等一系列“扭曲”借贷风险的工具，导致借出者纯粹追求高利，且单笔投资金额越来越高，失去了分散投资的网贷本意；为了缩短筹资时间，网站在未有真实借贷交易之前，就通过理财产品等手段，先行吸纳了借出者资金，导致真实借贷中的交易双方不能做到一一对应，在法律上存在瑕疵；名为网贷，但实际主要业务是通过线下完成，名不副实。

而张俊认为，网贷提供的不是金融服务，而是金融信息服务，引入担保、资金池等概念，将自身卷入到交易风险之中，是极不明智的。诚然，一些“创新”领先者迅速做大了交易规模，从业者的目光也由此聚焦于短期利益，极少有人把创新用在了不断优化自己的网络信用评价和反欺诈系统上，用在不断优化交易系统上。但这种跑偏的、不是靠高效便捷的服务取悦用户的“创新”行为，终将付出沉重的代价。

2008年次贷危机是金融创新的反面教材。来自纽约华尔街和伦敦金融城的天才金融数学家和聪明绝顶的银行家们创造了繁琐复杂的金融工具，以看似科学的方式破坏了借贷产品的内在规律，最终招致了毁灭性打击。

2016年，当金融科技的浪潮袭来时，许多平台如之前普惠金融、消费金融火热时一样，再次急忙换上金融科技的新装。虽然拍拍贷也在基础科技、机器学习、智能投顾等领域探索，不过张俊觉得，急功近利的追求创新不如在业务基础上缓慢而微小的创新。所谓创新，是否用金融和互联网技术大幅降低了金融服务门槛？是否逐步降低了金融服务的成本？又是否通过技术的手段，不断提升了网络金融交易的安全性?

毫无疑问，爬坡要一步一步稳扎稳打，才能不在半路跌落，最终登上山顶。

第八章

路在何方

回顾拍拍贷的发展史，用创始人的话来说就是——死去活来的创业。

几位拍拍贷创始人，曾经被现实深深刺痛过。幸运的是，对于理想的坚守，现在已经看见回报。

痛并快乐着

2015年，张俊被中国 MBA创业大赛邀请去做评委。作为此次大赛唯一一个互联网金融领域的评委，他在现场进行了很多犀利的点评，还泼了不少冷水。

决赛结束当天，张俊发了个朋友圈，谈论做评委的感受：一，还真挺累的，身体流汗，大脑枯萎。二，当年参加大学生创业大赛，被评委挑战，挺不爽的，如今作为评委挑战别人，那感觉，挺爽！三，比赛结果不重要，重要的是项目尽快落地，快速试错，快速迭代并坚持下去。

正如崔健说的那样，“你一定要将你认为理性的想法付诸行动，这样才能证明你的价值有效。”

回顾拍拍贷的发展史，用几位创始人自己的话说就是——死去活来的创业。不过，他们是痛并快乐着。在创业的第 9个年头，拍拍贷请人写了一首属于自己的歌，几位创始人和高管悉数出镜，一起摇滚了一把。

“我是天生的创业者”，顾少丰这样评价自己。“创业的冲动是天生的，来自于对于风险的偏好，对于新事物的热爱程度，或者说是对未知的那种感觉。”

在顾少丰看来，无论准备得多好，或者自己有多牛，创业成功都是一个小概率事件。2006年顾少丰创业菠萝网时，有个论坛聚集了当时上海做 web2.0的很多 top100公司开会。“当时我做一个主题演讲，脑子不知道搭错了哪根筋，就在那儿说，我觉得规律上讲我们这边大多数的公司都会死掉。当时非常得罪人，事实上，后来那波公司确实死光了。”

“那为什么还要创业呢？可以称为倔强，也可以称为偏执。”顾少丰很喜欢偏执这个词。安德鲁·格鲁夫是引领信息时代的重要人物之一，他以严厉而强硬的管理作风而闻名，他的风格被人称为“只有偏执狂才能生存”。他是英特尔创始人为公司招聘的第一名员工，同时也是公司的创始人之一。后来，在格鲁夫的领导下，英特尔成为了全球最大的芯片制造商。

偏执有时候是因为没有办法——既然创业成功是小概率事件，必须要有异于常规的方式来进行。所有创业者，其实都不是正常人。

中国互联网创业有几个浪潮，张俊、顾少丰等人在大学时代，刚好经历了第一波。在微软，张俊和顾少丰学到很多东西，离开时也有舍不得。“然而，如果再过一年两年，学到的东西不那么多了，未来的前景能一眼望尽，就没有那么大一个乐趣。”

因为创业，顾少丰有一些不堪回首的记忆。创业初期有时候碰见以前的同事，原来都是一个级别的，过了两年都升职了，自己却还在苦哈哈地做一个很小很小的东西，导致他不敢见人；自己结婚生子很晚，每天被父母唠叨；开始创业的时候，梦想着干个三四年就上市，憧憬着那种人生赢家的感觉，后来发现这种梦再也做不下去。有时候，他感觉自己被整个社会抛弃了。

“管理可以培训，可以上个MBA，但基本没有一个学校，教你怎么创业。”某一天，顾少丰突然释怀，不关注这种社交压力，也开始不在乎钱了。他不知道其他创业者是怎么想的，但他心中只剩下一个想法：这件事情有没有意义?

“拍拍贷这个项目，和之前创业最大的区别是，哪怕在最困难的时候，我始终认为它的意义是很大的。”顾少丰认为，网贷可以解决其他方式很难解决的融资需求，长期来说，这其中有很大的社会意义，也算是最重要的托底。

社会价值和社会意义，是所有问题的托底。顾少丰随后碰到任何挫折，都会从这里反弹。

“花了这么多年来做一件事情，无所谓值得不值得，如果它有意义，它就是值得的。”顾少丰如此评价自己创业的所失所得，“过去十年正好是人生或者职业生涯的黄金岁月，十年付出可以说是代价，也可以说是投入。虽然每个阶段都经历着不同的事情，至今还要面对各种挑战，但提到收获，至少会觉得在做一件很有意义的事情，覆盖帮助的人都是以千万计的。”

而创业是一门生意，几个创始人都不是商人，一些最基本的规则只能慢慢去了解。整个过程走完，张俊的感触是道理其实很简单，但做起来真的很难。

2008年，中国互联网进入了融资的低潮期。这段时期，张俊与顾少丰接触过一些 VC、PE，结果大家都觉得网贷这玩意看不懂，或许也不是特别靠谱，都不太愿意出手。“不像后来的创业热潮中，只要有一个 idea，就可以先去融资，然后再来做。”

创业的天平上有一个简单的加减法，即营业收入减掉支出后是否有余额。收入大于支出，业务就能够活下去，如果做不到就活不下去。几个创始人一开始对收入和支出并没有很强的概念，意识到即将不行的时候，才仔细审视发现业务的本质就是现金流的管理。

在后来的创业热潮中，很多公司会被资金强行推起，没有机会经历这个阶段。但几个创始人早期自己掏了很多钱，对此感悟很深。“当时会想，有时候省一顿饭钱也是好的，反正自己也挺瘦的。有时候还会到大家一起凑钱的地步，一起算现金流还能维持到哪一天。”顾少丰说。

拍拍贷进入收费模式以后，开始仔细算账，虽然现金流涨得很慢，但明显开始好转。省钱后来成了拍拍贷的习惯。胡宏辉回忆，“后来有投资进来，我们也当成自己的钱一点点花。有个投资人曾经感慨说，你们这帮人花钱，根本不用看，比我们还抠。”渐渐地，他们学会了怎样真正运作一家公司。

胡宏辉感慨，“创业改变了我的人生，体验到了更多的精彩。一步步走来，有很多感触。”

“没有学校教我们怎么创业，但经历过整个过程，我们毕业了。”顾少丰总结。

理想主义者

张俊曾经在会议上见过马云几次。马云总是精神很好，跟马云换名片，要求合影，也被极其爽快地答应。

在张俊眼中，马云一直是个理想主义者。阿里巴巴是马云的第 4 次创业，那时他已经 35 岁。阿里创立的时候面对的中国商业局面，与网贷在国内起步的时候所面对的诚信环境一样，很恶劣。阿里面对的局面，是互联网刚刚在国内开始兴起，还有相当多的人不会上网，而用户对于网上交易更是缺乏安全感和信赖感。这就像国内最早的网贷公司刚刚起步，社会没有完善的征信体系，很多人对网上借钱这样的事根本上充斥着不信任，更多的人认为这是高利贷企业。从电商到网贷，都面对着建立中国式产业生态环境的艰难困局。

2014 年 9 月，阿里巴巴在纽交所上市，让张俊有颇多感触。

首先，是秉承理想。没有伟大的理想，做不成伟大的事业，但伟大往往意味着前所未见的艰巨。阿里做的是“让天下没有难做的生意”，拍拍贷做的是“让金融触手可及”。阿里让传统的零售和批发从线下走到了互联网上，让买东西像取自来水一样方便，拍拍贷做的是让陌生人借给你钱，或者把闲钱投资给陌生人，这些都是大大颠覆了传统和习惯的事情。所以电商也好网贷也好，是改变生活和习惯的巨大变革。

其次，是需要靠创新。伟大的理想如果没有创新的解决方案，那仅仅是理想。如果没有支付宝横空出世解决资金的安全问题，网上做生意可能到今天还是少数人的游戏；同样，如果网贷不能打造一个让所有人都能直观感受到的、安全的风控体系，利用大数据思维和实践解决网络征信问题，那也无法真正遍地开花。

最后，是要有耐性。阿里从成立到上市花了15年，中国的电商生态建立也花了许多年。而网贷尽管出现在2007年，但严格地讲是2013年才开始迎来爆发式增长。不少平台跑路或倒闭，有的是一开始就准备“捞一笔就走”，有的是缺乏长远眼光导致难以经营。这给行业带来了不良的声誉，也需要行业花更多时间去建立品牌。同时，诚信体系的建立、风控能力的成长更不是一朝一夕之事。剩者为王，只有能够沉下心来练好内功的网贷平台，才能生存下来。

同样身为理想主义者的几位拍拍贷创始人，曾被现实深深刺痛过。网上曾经有篇《红岭创投向左，拍拍贷向右》的文章。文章指出，拍拍贷和红岭创投都是国内较早成立的网贷企业，但两者成交量却差异很大：

“拍拍贷的线上纯信用借款模式。目前受国内信用制度不健全，银行征信难以对接，让信用借款的风险加大。鉴于投资者对这种模式的不认可，拍拍贷虽然成立最早，但成交量无法和其他一线平台相提并论，根据网贷之家的数据，其每日成交量只有几百万元，其他一线平台一般都几千万元，成交量最大的平台红岭创投，每日成交量基本在2亿元左右。

红岭创投首创本息担保模式，如果借款人出现逾期，平台100%本息垫付。红岭创投主要以快借标为核心，快借标是以企业股权土地或房产作为抵押来红岭进行借款，风险相对可控，并且网站设立了风险准备金，足以垫付连续几次的大标逾期，所以目前红岭还是比较安全的。”

好在，这种情况从 2015 年起发生了反转。线下、抵押、担保等模式不再被监管认可，也不再“安全”。投资人转了一圈之后发现，最合规、最有前景的，反而是最具理想主义的原始网贷模式。

回顾过去，张俊等人发现，创业中每一次艰难的决定，其实都是对理想的一次考验。一般的互联网创业，都讲究短平快，要在尽量短的周期内迅速上量，尽快拿到结果。拍拍贷选择线上模式，选择收费模式，选择砍掉企业贷，选择自建征信和研发大数据风控等等，都意味着需要更漫长的积累，需要经历风险周期的验证，需要多坐几年冷板凳。

而如今，拍拍贷对理想的坚守，已经看到了回报。拍拍贷公布的 2016 年年报数据显示，其平台全年共新增 2308.63 万注册用户，成交额达 198.78 亿元，全年共服务了 338 万借款人，借款人数量占到了行业借款人总数的 38.58%。

地球上最高的生物是红杉，人们以希腊神话中的希珀龙为最高的红杉命名，它高 378.1 英尺（约 115 米），位于偏远的北加利福尼亚海岸森林中。红杉又是一种寿命也特别长的生物，有不少已有 2000-3000 年的高龄，甚至有生长了 5000 年之久的古木。

在张俊看来，从之前外界所认为的不愠不火，到如今的逆势增长，拍拍贷的速度其实一直未变。充满理想主义色彩的拍拍贷，正以自己的节奏耐心生长着，希望有一天可以成为参天大树。

让金融触手可及

最近一次投资人见面会上，一个09年就注册、如今重仓几百万的拍拍贷投资人说：“刚注册的时候，其实我是来借款的。我当时就想看看，在网上无抵押、无担保，无凭无据，甚至连面都没有见过，凭什么能拿到借款？”

拍拍贷的答案是，凭每个人一生中最宝贵的东西——信用。如今，这家受尤努斯的启迪，将网贷模式在国内落地生根的平台，已走过了10个年头。10年间，拍拍贷经历了国内网贷行业从无到有，从线上转为线下再到线上，从井喷式发展到汹涌的“倒闭潮”，又到逐步纳入监管规范发展的全过程。而拍拍贷始终坚守着初创时的纯线上、纯平台的业务模式，培养了一批又一批珍视信用的借款者和具有风险意识的投资者。

“我们的使命是‘让金融触手可及’，”张俊说，“过去我国的金融门槛太高，创业者、小微企业经营者以及消费者等很多人都够不上这个门槛，导致我国14亿人口中，只有3亿多人在银行的征信系统里面有记录。也就是说只有3亿多人跟传统的银行、金融机构发生过信贷关系，这是一个比例非常低的金融渗透率。所以拍拍贷一开始就面向那些没有能力获得金融服务的人群。”

出于这个使命，几次业务调整之后，拍拍贷把焦点专注在了消费金融，也因此能惠及更多、更广泛的人群。与此同时，我国的实体经济也在转变，从原来的投资出口拉动，向消费拉动转型。消费拉动不外乎从两个方面来支撑：一方面是供给端，为小微企业提供金融服务，让他们能够扩大生产、提供更好的产品；另一方面就是为消费者提供更多的信贷支持，让他们扩大消费能力。”

拍拍贷选择从消费这一端为广大的消费者提供小额消费信贷，让人们把消费的潜力释放出来，从而拉动经济的增长，促进消费对 GDP的贡献。这个角度来说，拍拍贷不止服务了它的用户，也服务了中国的实体经济。

“我们开始的成果比较小，没有得到别人的认可，现在开始为大家所认可。然而，离我们的愿景还远。我们希望能够吸引更多的伙伴，来加入团队。”顾少丰觉得，创业跟玩游戏一样，需要大家一起组团打怪，朝着一个共同的目标不断升级。而站在整个公司的层面，拍拍贷想要追求最大的社会价值。

拍拍贷的发展史，也是中国网贷行业的发展史。10年的时间里，中国网贷从一个“无准入门槛、无监管、无行业规范”的三无行业，发展到了如今惠及数千万人口、被写入政府工作报告的行业。在经历了10年的曲折发展后，如今的网贷行业，已经站在了风口浪尖之上。

网贷在中国生长的时代，同时也是一个机遇与挑战并存的时代。从以信用借款为主的初始发展时期，到以地域借款为主的快速扩张期，从以自融高息为主的风险爆发期，到以规范监管为主的政策调整期，网贷这个行业直面了所有的凶险，也展望了这个时代的希冀。

创新在改变着几乎所有的行业，而网贷是互联网与金融的创新性结合。虽然有人说，金融的本质未被互联网改变，但不可否认，网贷对金融产生的影响不需要怀疑。

挑战传统的金融服务企业和传统商业模式的网贷迅速崛起，实实在在地为用户提供了更优质的、且往往成本更低的服务。网贷崛起的一部分原因，是由于国内现有的金融体系曾经对小微客户的金融排斥，小微客户由于贷款成本、风险以及贷后管理等不确定因素一般很难从银行等正规金融机构获得贷款，但是这一切只是浅显的表象。

经济，是源自于人的经济，参与经济的主体不仅仅是企业、金融机构等，其最大的主体是人。如同30多年前我国开始改革开放、从企业的角度来谋求经济的发展一样，现在网贷就是从人的角度来构建新的经济形态。

网贷将个人金融进行了社群化与互联网化，并给予这些单点建立起来的信任社群一个统一的交易模式，每个人都依照自主性进行资金分配流通，以交换利益，从宏观角度来看，就是以节点带动整体经济边界的延展伸缩。这便是以人为出发点的具象化的经济形态，也是这个时代所需要的金融形态。

当前，有很多人认为，所有的网贷平台都在找项目、找投资人，做着千篇一律的事，甚至很多平台都没有经历过完整的信贷周期，这些难倒不是网贷行业发展的隐患么?

这种说法也许并没有错，但是任何行业必然会有从无序产生到有序发展的过程，也必然会经历优胜劣汰。众所周知，新事物往往会面临一段时间的监管缺位，而每一个金融体系也会遇到经济发展规律所带来的风险，但是这一切都无法摧毁网贷行业，也无法否认网贷行业是一个有活力、有前景、让金融触手可及的好行业。

在这个创新改变世界的时代，优秀的网贷平台蕴含着无穷潜力。甚至于，它或许真的是无限大的生意。

附录

2009
创始人的信：拍拍贷的存在与和谐中国

拍拍贷的建立源自几个创始人的金融理财理念，最近几年我们充分体会到了理财的重要性。面对自己和朋友经常遇到的借贷问题，我们意识到中国的民间借贷是个巨大的市场，但是中国的信用体系建立尚不完善，经常出现朋友间借贷的坏账问题和信息不对称问题。

2007年下半年，正当中国股市如火如荼之时，拍拍贷团队正式推出了拍拍贷网站（ppdai.com），其核心思想是帮助个人实现借贷需求，提供信息发布、金融信用检索、社会信用评定和金融理财论坛等服务。金融理财的收益最基本的原理就是价差和利息收入，民间借贷的规模是和商业银行信贷总额相当的一个市场，说明中国的金融资源支配存在一个巨大的民间形态。

但是民间借贷存在很多先天不足，首先中国是一个讲人情而忽视和回避契约的国度。大家喜欢称兄道弟，讲究江湖义气，借钱很容易，打个招呼，没有借条，就完成了。出现了坏账和还款延期，解释一下，谈谈感情，能解决当然好，解决不了，只能不了了之。有个朋友说，把钱借给好朋友后，都不好意思催别人还。这就是中国文化造就的独特金融文化。拍拍贷存在的一个核心使命就是促进民间借贷的契约化，就是通过网络和电子手段将借贷关系变为受法律保护的合同关系，拍拍贷提供相关的信息服务来使得借贷需求更加明确。民间借贷的契约化意义深远，不只是帮助个人实现借贷的法律保证，更主要的是引导大家建立契约精神，尊重合约。中华民族融入现代社会的要素就是遵守游戏规则，不能再一味以人情代替规则。

社会信用评定是拍拍贷的革命性创新。中央征信局是中国政府主导的统计个人消费和金融信用的数据库，但是由于建立时间不长，信息的不准确和不完整，使得民间借贷者很难完全依赖这个数据库的信息来做出判断和决定。拍拍贷提出了一个非常创新的做法，就是建立一个社会信用体系。即对个人主体，除了银行系统给出的信用信息，他的社交网络对他的诚信的评价会建立一个非量化的信用参考。比如 Jack的朋友 Cliff想向朋友们借钱付购房首付，Jack对 Cliff做出了非常肯定的评价——“10年好友，绝对诚实可靠”。Jack的另外一个好朋友 Huhu正好有闲钱，看到这个需求后，结合 Jack给出的评价，Huhu会对Cliff的诚信程度有个非常感官的认识，很有可能促成交易的实现。拍拍贷实现了中国特色的社会信用体系建立，这个方法有待时间去验证，但是其创新的思路必将为中国文化背景下的民间金融行为提供更加现代化和信息化的途径。

不同于欧美的点对点的借贷网络，拍拍贷强调了人际网络，希望你可以在你的第一层和第二层人际关系网中实现你的需求，这样很好的降低了操作风险。每个借贷人都可以直接或通过朋友了解与自己发生交易的对方的情况，当然拍拍贷同时提供尽可能多的银行信用信息，来把风险最小化。

和谐社会是 2007年中国最流行的政治和社会关键词，但是我们觉得真正为和谐中国做出努力才是关键。拍拍贷的出现和发展是对社会的和谐发展和人际关系的健康非常有意义的尝试。拍拍贷团队的理想是建立一个超级金融社区，在这里帮助大家建立正确的理财技巧和观念，并且把民间借贷这种最基本和最普遍的金融业务契约化和规范化，通过人际关系的自然扩张把诚信理念广泛传播。

拍拍贷网站的成功之日并不仅仅是拍拍贷事业成功之时，更将是中国社会的契约精神和诚信体系深入人心的时候。社会的和谐稳定才会得到充分的保障。

2010
创始人的信：2010 年之前的感谢

时间过得很快，一恍2010年到了。21世纪的前10年过去了。

回头想想 PPDAI，也有近 30个月了。在这个时间点，忽然有一种充满感激的感觉。

感谢所有的借入者，这个平台希望成就的最主要人群之一。当你们展现自己的诚信，获取帮助实现自己的目标和梦想的时候，给借出者和 PPDAI带来了极大的快乐。没有你们，就没有PPDAI的基础。你们通过借款实现社会闲钱的价值优化、和自身价值 /梦想的实现。希望你们很好地利用这个平台，发挥闲钱的作用。当然，有能力时同样要回馈社会。借入者完全和借出者是处于同等的位置，但应该对他人充满感激。

感谢所有的借出者，这个平台天平的重要的另外一端。当你们获取收益的同时，真正地帮助了许多的借入者。以前，很可能这些借入者没有机会获取帮助，是你们成就了他人，也成就了自己。没有你们，就没有 PPDAI。希望你们在获取收益的同时，也能收获快乐。

感谢所有的社区内热心帮助他人的用户，正是因为你们，才让 PPDAI这种小额贷款在这个层面的运作成为可能。希望你们能继续以自己的方式帮助更多人了解 PPDAI、获取帮助。

感谢所有提出各种意见建议的用户，我们知道“投诉你就是投资你”。推动 PPDAI平台更好地发展，帮助更多的人，永远都是社区中每个人的功劳。可以肯定的是，你们的意见建议，只要是可行并对多方有利的，PPDAI一定会在合适的时间实现。

特别感谢 PPDAI团队，是你们，将这一个个不可能的事变成可能，将一个个创新点变得现实。同时，在做这个“钱”相关的平台，追求自身价值的实现，表现出对金钱的漠视。我相信在努力为用户创造价值的同时，PPDAI的团队也会最大化地实现自己的价值。

2010年之后，PPDAI酝酿着很多的变化，包括思维方式、模式、用户等的变化。俗点说可以是PPDAI 2.0。但最初的目标，建立一个诚信平台和社区未变。具体的，大家可以逐步看到。

在此，和另一封“创始人的信：拍拍贷的存在与和谐中国”一样，只是希望和用户分享一些关于 PPDAI看法：

1.PPDAI这事很难。做 PPDAI的过程中，我们有机会同各种相关的公司或人交流，包括银行、担保公司、各种贷款公司、民间贷款、国内外非赢利组织（NGO）等等。

贷款或许不是那么难，大银行不难，依赖于银行或民间贷款赢利不是特难的事。而最难的是真正的小额贷款，是个没有人去关注、吃力不讨好的领域。孟加拉乡村银行的实践，用最低的成本和社会关系网络控制风险，甚至不起诉用户，颠覆了很多传统做法。而 IT和互联网发展，给了我们这样的机会来实践。但这事真的挺难。

我们有阵子经常开玩笑说，早知道这事这么难，当初打死也不干这事。

2.PPDAI看起来可以很大，但也可以很小。而我们越来越倾向于解决小问题，首先打基础，解决利基市场（Niche Market），真正帮助到有需要的人。对于希望 PPDAI成为淘宝的观察家们，我觉得可以早点离去了。在这个阶段，真正来自用户的反馈对我们才是最有价值的。

3.一个公司的最初几个人决定了公司的将来。我始终认为企业文化很重要，从一开始就很重要。PPDAI的理念和价值观不是说着玩的，应该扎根在每一个人的心中：有激情，追求完美，有梦想，结果导向，正直与诚信。

4.逾期不诚信用户永远会是这个平台或市场的一部分。从另一方面来说，这也是构成了这个完美平台的一部分：让不诚信者无处藏身。以前，朋友之间逾期，只是朋友之间知道；以后，PPDAI的所有用户，甚至整个互联网、整个社会都会知道。总有一天，我们可以说：让那些怀疑中国人不诚信的人见鬼去吧。我们相信，PPDAI会成为推动这个诚信社会的，至少是其中一小部分力量。

下一个 10年刚刚开始。希望从 2010起，大家都会更好！

2011
创始人的信：继往开来的时代

时光，又过了一年的时间。照例，对于关心拍拍贷的用户，我们乐于在这里分享一下我们的想法。

首先回顾一下，2010年是拍拍贷不断成长的一年。这一年里，经历了很多的尝试、创新、反复、突破，各方面来讲拍拍贷成熟了很多。我们做了很多减法，更加专注于用户需求；我们开始更多关注用户的沟通；我们不断地降低成本，商业的本质，无非解决用户的问题，同时收益大于成本。作为最难做的小额贷款平台，我们会始终将降低成本作为最重要任务之一。拍拍贷不做表面光鲜的事，做这些，不如让利于用户。

2009年 CCTV的 18点档的新闻报道后，今年 CCTV的王牌节目《经济半小时》专门再次对于拍拍贷进行了报道和探讨。这一年中包括新华社以内的各种媒体也对拍拍贷开创的新的模式进行了很多的关注。作为一个坚持在阳光下的平台，我们在扎实做事的同时，也乐于看到各方面的探讨和沟通。小额贷款平台是件很难很难的事，需要大家的理解和支持。

这一年，用户的关注、信任，让拍拍贷保持了稳定、快速的成长。特别感谢拍拍贷的用户（与很多社区不同，我们认为拍拍贷的用户是智慧的群体，尤其是经过优剩劣汰，一直留在拍拍贷的用户），有自己独立的看法，我们受益良多。可以说，大家是在与拍拍贷的创新中一起成长。

在接下去新的一年中，拍拍贷会坚持做创新，坚持关注用户需求，坚持自己的价值观和远景，进一步扎实地完善和成长。长久以来，用户对于拍拍贷抱有非常高的期望，也给了我们很大的压力和动力。我们会努力做得更好，当然我们也需要您一直的支持。

在这里，对不同的群体我们做一些呼吁和希望：

借入者：可以说，拍拍贷非常大的资源是放在帮助借入者来展现、建立自己的信用。在中国的现状，关注这些群体的需求的人并不多，拍拍贷在扎实、诚心地做着。我们很高兴看到非常多的借入者通过拍拍贷得到了帮助，实现了自己的目标。在这里，我们也希望借入者的支持配合。同时，珍惜你在拍拍贷的信用，不要以任何形式滥用。互联网这个大平台上，留下污点一定会让人追悔莫及。

借出者：在这个“蒜你狠”、“豆你玩”、“糖高宗”的时代，在拍拍贷上，只要你分散投资，加上一点自己的判断，总体胜过 CPI不是件难事。我们呼吁借出者，在关心收益的同时，也放一些爱心，很多人真的需要你的帮助。拍拍贷不是一个纯公益的平台，我们相信只有用“公益的心态，商业的手法”运作这样一个平台，才能使各方得到最大的收益。我们希望借出者在这里通过自己的判断，不但获得收益，而且得到乐趣。

到现在为止，拍拍贷这个完美（中）的平台有其不完美之处：永远都有逾期的借入者，永远都有遭遇逾期损失的借出者。没有人是神，没有什么是完美的。从另一方面来说，这也是构成了这个完美平台的一部分：让不诚信者无处藏身。我们希望，以后会越做越好，离完美越来越近。

最后是拍拍贷团队的。无疑，我们面对了各方面很多的期望，很多的热情，这总让我们想做更多更好。不过，我们还非常非常小，路要一步步走，我们已经花了近 4年的时间，我们不在乎再花几十年的时间，打造一个中国的信用平台。我们面对了很多的质疑，不信任的，不理解的，甚至有攻击性的，这也是必然的一部分。神马皆是浮云，做好自己的事。我们是一群傻人做傻事，直到有一天，也许这件事显得不那么傻了。

2007年我们说："拍拍贷网站的成功之日并不仅仅是拍拍贷事业成功之时，更将是中国社会的契约精神和诚信体系深入人心的时候，社会的和谐稳定才会得到充分的保障。"现在我们依然这样认为。我们也呼吁社会更多地关注小额贷款平台，尽快完善信用和监管，并给出更多的支持。

2012
创始人的信：创新科技，阳光金融

元旦前，就开始有人问，今年会有创始人的信吗？想想也是，2012已经到了，有很多东西可以回顾和展望。这一年，发生了很多事。就行业而言，我们很高兴地看到，越来越多的人开始了解和认识拍拍贷，以及对我们而言更重要的——拍拍贷所开创的网贷模式和行业。

从 2008年起，就不断有各种模仿拍拍贷的网站开始出现，2010年前的模仿者基本都死了。带着投机的心态来做，时机不对又缺乏耐心是必然的。学我者生，似我者死，这句话是有道理的。2010年之后，拍拍贷带动下的网贷行业开始起步，虽然有起伏，但总的来说是向好的方面发展。这里我们也再次希望从业者以拍拍贷所倡导的“公益的心态，商业的手法”来有耐心和爱心地做，珍惜地做，将事做好。

这一年，社会对于拍拍贷和网贷的关注越来越多。民间信贷，渊源流长，对于社会经济的发展起到了不可或缺的重要作用。现代银行体系建立之后，民间借贷虽然开始弱化，但依然起着非常重要的作用。民间信贷信息搜集加工成本低，手续便捷、方式灵活、交易成本低，社区化风险控制机制等，是正规金融不可代替的，是有益和必要的补充。而民间信贷的阳光化和系统化将会给整个社会带来不可估量的价值。2011年年底，央行负责人重申，民间信贷具有制度层面合法性，是正规金融的有益补充。可以说，央行也是站在了足够的高度来肯定和鼓励正规民间信贷的发展。

2011年，对于拍拍贷公司而言，是稳步快速发展的一年。作为网贷平台鼻祖，我们做了比别人多得多的尝试，犯了多得多的错误，承受了多得多的压力，但很高兴看到拍拍贷依然在稳步前进。我们不是X二代，靠的是持续的创新和进步。如果拍拍贷不持续创新，不根据环境去变化自己，几个月就会死亡。这一年，我们同样做了很多卓有成效的努力。

用一个形象的比喻可以说拍拍贷在做的事：银行是坐在沙发上数钱，而拍拍贷是趴在地上捡硬币。拍拍贷所倡导的一种全新的金融创新模式，与传统的贷款概念在本质上有相当的区别，比如“小额”、“持续”、“网络化”、“社区化”等等。但趴在地上捡硬币并不意味着我们是乞丐。“创新科技”是拍拍贷立身之本。利用创新，利用科技，我们可以比其他人更高效率地进行小额贷款，我们在造一个捡硬币的神奇工具，有谁说中国人必须从事劳动密集型工作？依靠“创新科技”，站着，我们照样能把钱挣了。

另外一点，“阳光金融”是我们坚持的方向。今年的中央金融工作会议确定了方向，即使国有银行，也会由国家的隐形担保，转向存款保险制度。一切都会更加透明化系统化。民间信贷，被人质疑的一块，主要是不透明，监管也不容易。而拍拍贷的方式，就是先人一步，解决这些问题。每笔钱，很清楚给了谁，结果如何。拍拍贷没有复杂的关联公司，没有不透明的保险池，一切都在阳光下进行。在“阳光金融”这个方向上，我们坚持，而且一定会越走越好。

经济学家许小年说：企业的最大社会责任是为股东赚钱。我们不完全认同。企业不是单单为了某个人或某些人企业赚钱，而是为用户、员工、股东、社会负责。拍拍贷最大的使命就是推动整个社会的诚信化。我们搭建了一个透明的平台，让诚信有价值，让不诚信有代价。我们还将继续努力，我们要让更多的借入者能够更大程度发挥融资的作用，实现更大价值；让借出者从这个过程中受益——获得高收益之乐和助人之乐；让不诚信者通过这个平台曝光，付出代价。我们会发展的更快，让借出者得到更多保障和获得更好的收益，让借入者更快更便捷地获得借款。拍拍贷受到诺贝尔和平奖穷人的银行家的启发而生，小额贷款天生就带有公益化的一面。我们不能强求，但我们希望每一个人都带有一些公益之心，谁说我们不能透明化地帮助到更多人？我们可以。

很高兴在过去的一年中越来越多优秀的伙伴加入我们。做为一个轻公司，人是拍拍贷最重要的资产。这里想对拍拍贷的同仁说，谢谢大家，你们很优秀，如果你们觉得自己还不够优秀，希望拍拍贷这个平台在之后让你们变得更优秀。在新的一年，我们要更加努力，让自己变得更好，让拍拍贷变得更好。几年前刚刚开始这项事业时，我们也有一些浮躁的想法，但真正各种困难经历下来，铅华洗尽，历经各种事件，我们现在很沉着。2012年，拍拍贷的价值观需要更好地沉淀下来，向着百年老店的方向发展。今年，相信将有越来越多优秀人才加入我们。

2011年，和前几年一样，我们在尽心尽力。拍拍贷不完美，但在完美中。现在的拍拍贷，已经有几十万用户，完成了数万笔借款，让很多人得到了帮助；在2011这个CPI高启，股市一跌再跌的年份，拍拍贷依然会给大家稳定且可观的回报。拍拍贷正在推动整个社会的诚信化发展，我们相信，所有中国人，都会成为拍拍贷所倡导的诚信社会的一员。

“创新科技，阳光金融”，我们一定会做的更好。

2013
创始人的信：不忘初心，方得始终

大道至简。哲学的问题，归结仅三：你是谁？你从哪里来？要到哪里去？

创业的艰辛，往往使人迷失于琐碎之中。很多时候，你会忘记自己的初衷，忘记来时的方向，忘记将要去往何处。作为创始团队，我们种下了一颗种子；在长成参天大树的过程中，很可能更容易迷失。

所以我想讲三个故事，重温五年前起航时的理想原点。

第一个故事，是关于梦想。

为什么会有拍拍贷，有很多种说法。这个版本最真实：2006年，诺贝尔和平奖，尤努斯教授和他的乡村银行。

2006年下半年，我们在互联网上迷茫。选择创业，是随心之举。但看着自己创办的飞速发展的视频网站，却感觉多少有些别扭。我们问自己：视频网站会对世界产生怎样的影响？这个行业能够给社会带来多大的价值？毫无疑问，视频肯定是有“钱”途的行业，但却非我们之所愿。我们这个团队的人，总有一些在别人看来疯狂甚至愚蠢的公益想法。我们爱钱，却不以个人财富为第一目标；我们希望我们不是商人，虽然不得不先要做个成功的商人。

无意中看到尤努斯教授获得诺贝尔和平奖的报道，所有的点点滴滴，瞬间连成了一条线：通过互联网做小额贷款。这样既可以帮助需要资金的人改善生活、改善经营、实现梦想；又可以帮助投资的人获得报酬，获得助人之乐；还可以让不诚信的人得到惩罚。而我们，可以通过为大家服务来创造社会价值。更妙的是，这件事融合了商业与公益，是通过商业手法推动公益发展的好事情。

一切都很美好，行动却很艰难，风险又是无穷大。因为我们想要改变的是一种金融生态，类似荷兰人创造的股市，开天又辟地。我们行吗？这是个裹足则不前，戮力则冲锋的困难选择，即便在运作 5年之后，仍然时时让我们“后怕”。

2012年秋，在一次会议上，听了徐小平老师的一个演讲。他说，任何一家伟大的企业都有自己的灵魂……灵魂是一家企业的终极核心竞争力。此话如闪电般击中了我的心灵。是啊，拍拍贷拥有怎样的灵魂呢？在内心深处，我们期望我们的灵魂是卑微而渺小，单纯而幼稚，我们梦想这个世界因为我们的行动而更加美好。这种梦想，像一颗火种，燃烧于心灵深处，让我们有了直面一切困难的勇气。有那么一刻，梦想战胜了恐惧，战胜了懦弱，战胜了懒惰，于是有了拍拍贷。多年之后，我们仍然被不断的伤害，遭遇挫折，我想潜意识里，依然是这个最初的梦想，在推动我们擦干眼泪，抚平伤痛，坚强前行。

也许有一天，拍拍贷会做更纯粹的公益，到时，请不要嘲笑我们。我们是这样的卑微，以至于在 5年之后，才敢说出当初的想法。说完之后，又要埋藏于心底很多年。也许 10年之后，才能付诸实施。

但，这就是真实的关于梦想的故事。

第二个故事，是关于创新，技术创新和金融创新。

单纯的梦想没有支撑是空想。

幸好，我们这个时代有互联网这个先进的生产力。当你用先进生产力看待旧领域时，很多地方会产生机会。互联网结合传统金融就是如此。一方面是 IT技术创新，导致以前的低效率环节变得高效率；另一方面是金融机制创新，通过创立一些规则，可能改变很多旧机制，产生新事物。

在拍拍贷策划和运营之初，我们和很多互联网及金融界的朋友探讨，经常有无数的火花。有人建议我们做债权转让，迅速扩大规模；有人说可以学习美国，做资产证券化；有人说可以引入担保公司、保险公司，建立大平台；还有的人说 Social很火热，你们可以开发类似 Facebook那样的功能……这些方向的确让我们很激动，互联网加金融的潜力机会实在太多太大。

2008年，一场金融危机席卷了世界。这场危机的起源是金融创新。当我们审视那些由世界上最聪明的人创立的极其复杂的数学模型和看似完美的金融逻辑时，我们发现，过于复杂的莽撞“创新”有时会引人入歧途。

中国人创造了钱庄，荷兰人创造了股市，这些无比伟大的创新，是历经多年才瓜熟蒂落。它集合了百年的传承，结合了国家的力量才有最终的完善。这些不只是个体之功，更是群体之力。

我们足够聪明吗？与纽约华尔街和伦敦金融城里的这些经济

学家、银行家们比我们差远了；我们善良但不是圣人，我们也有道德风险，我们也有可能好心办坏事。

于是，我们自捆手脚，自我限制，摒弃和压制了很多想法。最终，我们选择技术创新的方式，坚持以符合自然规律的方式成长。拍拍贷迄今 5年，仍然是简单的平台。我们不给社会添乱。我们相信，这种自我限制会让我们在更长的时间内有更好的发展。我们不断提醒自己：能力越大，责任越大。

专注于技术创新，不代表不创新。恰恰相反，这可以使我们的精力、资源空前集中，从而专注于把创新做到极致，做长远的创新。

第三个故事，是关于时间和耐心。

我有一个同学，大学期间我们曾一起创立过摇滚乐队，他是我们的主音吉他。毕业后，大多数人都选择进入了大型企业，而他，则出人意料的远赴德国，做起了安稳的程序员。多年后，大家都以为他要一直呆在德国，他却又出人意料的放弃移民回了国。他不再写程序，他开始画画。

当我第一眼看到他的画时，我被震惊了。他的画是一种非常奇怪的，自己独创的画：远看是典型的中国水墨山水，非常古典；但近看，每块石头每棵小树每朵浪花都是用手工点绘的奇怪而精致的图案“组装”而成，比如怪兽，比如贝壳，比如机械，非常后现代。

我被震撼的是，这种画，不讲创意如何，单就创作的过程，需要耗费多少的精力？我问他为什么选择或者创造了这样的作画方式？他说，很简单，我不是科班出身，不能像专业人士一样，几天、几周就出一副画。我的画，需要几个月甚至一年以上的时间。跟他们相比，我的规划更长，我有耐心。其他人根本不是在做一种艺术，别人也没法和我比。

天呐，这和我们创立拍拍贷时想法何其相似！

拍拍贷的想法起于 2006年底，运作于 2007年。当时我们就知道，拍拍贷的想法太早，可能不合时宜。但用长远的眼光看则不同。我们坚信互联网金融是一个大趋势。忍受寂寞，可以让我们更早更快地犯更多的错误，吃更多的苦，测试更多的可行性和不可行性。所以从一开始，我们就想把拍拍贷打造成一家与众不同的公司。我们不以短时间来规划，我们不做其他公司喜欢做的一年、三年计划，我们更专注于能够带来长期价值的事情。

2007年的很多热点已经消失了，但拍拍贷还在，且还在稳步发展。今天，我们依旧如 5年前那样看待自己，看待世界。今天的很多热点，未来也会消失，但拍拍贷还会在！未来的很多热点，大多也都会消失，但我们坚信拍拍贷会一直在！

我们执着于梦想，但我们不傻。旁观者尽可嘲笑我们，藐视我们，甚至可以忽视我们，但我们依然会按照我们的长期策略，步步向前。

很多人往往高估 3年内的发展，却低估 7年、10年后的发展。很多时候，时间可以成为我们的武器和朋友。我们希望拍拍贷成为一家伟大的公司，我们也希望拍拍贷传承这样一种理念：用创造长远价值的方式看待世界，规划我们的发展。这个世界不缺一个平庸的公司，但缺少那种能够长期创造社会价值、为人们创造福祉的公司。

一切都在变，但有些事情还是不变的好。“你是谁？你从哪里来？要到哪里去？”佛曰：不忘初心，方得始终。

祝拍拍贷新的五年，一切顺利。

2014
创始人的信：相信、变革与执行

创业之始，创业者的最大财富莫过于无理由的精神胜利法；尤其当挫折大于进展，落寞多于掌声时，喃喃自语就成了最好的兴奋剂。2009年，我们几个创始人给自己写了一封信，在语无伦次中相互取暖，自我打气，同时记录创业的感悟。随着时间的推移，坚持写信本身就成为一项精神胜利。我们自我吹嘘说，这些信会跟巴菲特致股东的信一样闻名遐迩。在 2014年的当口，我将继续传统，首先写信给自己打气，然后为所有关心拍拍贷的人送上一份最高的理想。

2013年被媒体称为互联网金融元年。屌丝们长期抑制的理财需求通过互联网模式，得到了极大的释放，最终动摇了传统金融业“高大上”的形象。看着 6年前由我们点燃的火种现在持续燃烧，坦率的说，拍拍贷已经有了骄傲的本钱：我们可以自豪于我们是中国互联网金融的开创者和先驱！

在全行业大干快上的这一年里，拍拍贷的发展速度超越了年初的期望。我们服务的客户数超过了过去几年的客户总和，成交量是过去做梦不敢想象的水平。但是先驱的头脑总在烦恼：当市场还不知道网贷时，我们从行业的 ABC开始教育市场；当互联网金融喧嚣尘世时，我们又担心不理性的发展会给行业带来毁灭性的的灾难；现在，我们要思考，拍拍贷如何迎着行业的风口，保持行业的领先地位。所以，我要对 2014年进行展望，即召唤伙伴们形成共识，更希望整个团队能有完整的心智。

首先，拍拍贷将继续保持“相信之心”。世界上有很多人聪明得让人嫉妒，勤奋得让人咂舌，强大得让人无法直视。而我们，在这些方面，都不是最牛的人。但是，我们拥有一颗相信之心，我们相信自己的事业和选择，我们还要一直坚持这样的信念。相信不能保证你的成功，但至少相信能让你所有的精力和能力都空前集中，少些彷徨，少走弯路，平凡人才会成就不平凡的事。其实，成功不外乎是因为你心中是否有信念，以及是否有坚持下去的勇气。我们从不曾怀疑拍拍贷是在做一件伟大的事业，我们可以给用户带来价值，我们可以改变中国，我们可以成就自己，我们可以成就他人。

其次，拍拍贷将要迎来快速变革的新时期。从来没有什么事情是永恒的，一切都在变。你可以梦想一个大方向，但是你无法准确判断每一条路径。今天我们在革别人的命，明天别人就会革我们的命。打破这个循环的办法，只有变革，自己消灭自己，自己颠覆自己。拍拍贷在 2014年将步入 7年之痒，我想我们过去的变革是远远不够的，我们向自己开刀的勇气还不够，动手还不够快准狠。如果说 2014年我对拍拍贷有所期许，首先是希望拍拍贷有拥抱变革的决心、能力和行动。或许这会让我们不太舒服，甚至会很不安。不过那又如何？假使一个团队一个公司不能拥有这样的能力，被颠覆是迟早的事，这是一种生死的规律。变革，不代表我们此前做的不好，不代表自我否定，而是代表我们与时俱进的能力。

最后，拍拍贷将要强化执行力的重要性。我不希望我们是一群空想家，我希望从上到下的每一个人都拥有强大的执行能力。什么是执行力？在我眼中，执行力首先是一种兵来将挡，水来土掩的勇气、能力、和结果。我们是创业者，我们会遇到无数的困难，经历过的、没有经历过的，简单的、复杂的，解决问题就是我们的使命；遇到问题，不顾一切，更快更好地解决问题，这是根本。结果导向、数据导向是方法，能帮助我们更好的完成目标。对于空洞的词，请拷问你的内心。你从内心里是否认同，你觉得自己是一个强执行力的人吗？你的内心永远不会骗自己。我希望拍拍贷是一个拥有可怕执行力的团队。目前我们还不够可怕，但我们将来会是，就像现在可怕的企鹅。

有人曾问我，拍拍贷经历了哪些困难？我脱口而出，拍拍贷从未顺利过，我们一直在与各种困难作斗争，解决问题，不断前进，然后再遇到困难。我想，在困境中解决困难就是拍拍贷成长的主旋律。未来无论我们有多大规模，无论我们发展到何种阶段，我们需要相信，需要坚持我们的信念；我们还需要常怀变革之心；我们需要强大的执行力。有了这些，我们可以直面未来，我们可以继续疯狂我们的初始之心。

2014年，以此信致敬疯狂的拍拍贷人。

2015
创始人的信：创业即修行

有一种神奇的说法：人的细胞在新陈代谢中，每三个月会替换一次，随着旧的细胞衰老死去，新的细胞华丽诞生。不同细胞代谢的时间和间隔不同，全身细胞全部换掉，需要七年。也就是说，我们每七年就是另外一个人。七年后，你还是你，但你也不是你了。七年是一次重生……

2014年也是拍拍贷的第七年。这一年，我们一起经历了很多，一起完成了很多的“Mission Impossible”：2014年的用户增长速度是有史以来最快的，我们的新增用户比前 7年的总和还要多；我们的业务量又翻了好几翻；我们的数据量突破了40亿，遥遥领先于行业；我们也有了更多优秀的新鲜面孔加入团队……更重要的是，我们一起完成了一次重生。现在，我们是全新的自己，但我们依然是我们。

这是一次重生，更是一次修行，我们有太多的感慨。借着拍拍贷的新年传统，我们愿意继续以“创始人的信”的方式，来分享自己对于创业、人生、以及公司的感悟。

创业是少年人的梦想与激情

传说中每个伟大的事业，都有惊天动地的起点，比如冲冠一怒，歃血盟誓，又或者背水一战，卧薪尝胆等等。而事实上，每一个故事，很多时候可能只有一个简单的出发点，往往是少年人的白日梦想。或者说，是少年人的无知无畏、狂妄自大、以及那炽热燃烧的激情。这与年龄无关，只与心态有关。

每个创业者都是一个少年：青少年、中少年或老少年。创业的冲动，有时来源于少年人的向往，或是少年人的耍酷，又或者仅仅是为了做出一些不同的事情。或多或少，都有些年少轻狂、纵马轻歌、甚至花天酒地、醉生梦死的想法。而正是这种激情，这种敢想敢拼的少年心态，让人不怕失败，敢于承担，愿意放弃很多东西拼命努力，来实现自己的梦想。渐渐地，每个人都在成熟，无知、狂妄没有了，真正地从个人梦想变为对事业的执着，对社会的责任。而不变的，始终是那一份激情。

少年啊，付出的不只是努力。努力只能得到努力的回报，只有拼命，才能得到拼命的回报。懂得这一点的人很多，但真正做到这一点的人不多。正是这点区别开了很多人：激情，敢于拼命的激情，才能让人脱颖而出。

回首过去，很多事情想想可笑，又会让人感慨不已：招聘员工，想的不是如何去面试对方，而想的是如何给对方留下好的印象；工作到深夜，发现公司门坏了结果被又冷又饿地关在公司熬到第二天等人来救；挤公交地铁出去谈业务，经常是约好的时间却被人放了鸽子在外面一晾几个小时；在睡梦、休假、甚至产房门前依然担心着公司网站会出什么样的问题，零零总总……正是少年人的心态帮我们走出一切。一个个灯火通明的夜晚，没有每个拍拍贷人的努力，就没有拍拍贷的现在。即使我们已经长大，公司对我们而言，就像一个少年的梦想，永远真实，永远虚幻，永远是最美好的东西。

创业就像一场婚姻

“不管是贫穷还是富有，不管是疾病还是健康，不管是顺境还是逆境，你是否愿意永远尊重 TA，支持 TA，陪伴 TA，一生一世，不离不弃？”这是一段婚礼常用的誓言。对人如此，对于创业又何尝不是如此？我们会有顺境，一切似乎都很美好，这时候如何才能不自以为是，得意忘形，不失初心？我们更会有逆境，甚至是绝境，这时候是否能做到依然相信，不离不弃，并且能够绝处逢生，将一件件看似不可能的事变为可能？而大多数的时候，一切是平淡的，就像婚姻本身，如何能够在平淡的生活中始终相互支撑，携手向前？在创业的路上，我们如何才能在看似平淡中甘心前行，厚积薄发？

一切听上去似乎都很简单，但一切又是多么的不易。创业就是一场婚姻，热情不只是一时的，这是冲动而不是激情。只有长远保持的热情才是真正的激情。创业就是一场婚姻，不管是顺境还是逆境，要始终不离不弃。多少次的生死边缘，多少次顶着各种压力的决策，已经记不太清了，这已经是我们工作的一部分。在这场婚姻之中，没有这种“I Do”的心态，是无法做到长久。拍拍贷，是我们每个人的一场婚姻。

创业是创造家园的过程

心向美好，保持乐观是一件不容易的事情。创业中，永远都有各种的不完美。创业本身就是不断发现问题，发现不完美并加以改进的过程。就像我们每个人看自己的孩子，都会认为 TA是世界上最好的，你会容忍 TA所有的缺点，并且用尽一切办法让TA变得更好，用心良苦。

在公司发展的过程中，总有人因为觉得 TA不够好而离去，每当此时，总让人心痛不已。而此时，你唯一能做的只有尽力释然，更加勤奋，更加拼命的让 TA变得更好。你必须要坚信，一切都会好起来，一切美好的事情都会发生。不完美的完美是完美的一部分。公司就像自己的孩子，TA在你的帮助下一点点地成长，逐渐变得完美。

创业是聚集一群志同道合的人，建立家园的过程。从陌生、到熟悉、到信任，大家为了一个共同的使命和目标，分享共同的价值观，共同拼命努力去创造奇迹。每一个平凡的个体集合在一起，完成远比个人想象更大的成就，这是再令人愉快不过的事情了，这也是家的感觉。很有幸，我们已经一起创造出了拍拍贷这个家园，但我们还需要更多的努力，让 TA变得完美。

创业是奔向未来的完美

没有什么是永恒的，无论是人的生命还是一家 102年的企业，都会有一个终点。我的伙伴常说：人生就像一场熊熊燃烧的大火，你唯一能做的，就是尽可能从中抢救出一些什么来。结局是终点，但我想这个过程本身的意义才更加重要。生命是一个伟大的过程，创业也应是一个有意义的、伟大的过程。金融触手可及、信用改变中国，作为我们的使命，会带着我们历经这个伟大的过程，我们会战胜一个个新的挑战，完成一个个更大的成就。

我们相信在这个过程中，无论对自己还是对社会，我们所做的，都会让这个社会变得更加美好。我们正在奔向未来的完美的过程之中……

百年之后，我们准备在自己的墓志铭上写些什么？或许，可以这样写：这群拍拍贷人，尽管渺小，但是，他们在“金融触手可及”和“信用改变中国”这些事情上，做的还不错。

足矣。

创业即修行。将心注入，一路向前。

2016
创始人的信：我们是谁

我叫李小宝，今年 25岁，是一个拍拍贷米粒。

我出生于四川的锦绣河山之中。

在各种土冒学校之间长大，脱颖而出。

怀着闲的蛋疼的伟大理想跑到上海。

现在来到了拍拍贷。

我长相帅气，技术过硬，性格风骚，热爱生活。

我是一个正直，纯粹，脱离了低级趣味，拥有高尚政治觉悟的男人。

简称直男。

请各位妹子加我微信，放心我不是什么完人只不过真善美。

希望跟同事共同努力，共同进步，改变世界！

这是拍拍贷传统的新人入职自我介绍中，一位拍米粒（拍拍贷员工昵称）介绍的摘抄。一晃间，拍拍贷已经跨过了八年。拍拍贷迎来了两千名员工，一千三百万用户，我们的队伍越来越壮大，越来越多样化了。

我想，是时候告诉大家，我们是谁了。

理想主义 + 野心

套用一下时下热门的“互联网 +”，我们是“理想主义 +”。如果说我们所从事的行业是“互联网 +金融”，那么我们这群人就是“理想主义 +野心”。

拍拍贷每个办公区域都有个名字，五花八门。知道我们催收团队最早的办公区域叫什么吗？是洛杉矶（Los Angeles）。起这个名字，是因为我们相信，每一个逾期的用户都是迷失的天使（Lost Angels，英文迷失天使的谐音），我们的职责是拯救这些天使。我们非常喜欢这个有点理想主义的名字。

拍拍贷另一个会议室，叫休斯顿（美国火箭发射中心），我们的很多新项目就是在这个"小黑屋"中诞生的。因为我们理想主义地希望，新的平台在这里，就像火箭发射一样一飞冲天。这是另一个理想主义的名字。

拍拍贷的诞生，受到尤努斯教授获得诺贝尔和平奖的直接启发，我们想要服务中国的穷人，我们想要为这个社会创造价值。我们诞生的第一天就带着理想主义的色彩。我们特立独行的坚持平台的模式，坚持合法合规；我们虽受质疑但依然与众不同的坚持线上基于技术和数据驱动的发展模式；当所有人在搞大额的企业贷款时，我们直接ALL IN个人小额消费信贷。

今天，我们也越来越多的聚集了一群带有理想主义的人，做一些理想主义的事。

我们中有的人，曾经在美国掌管着几十亿美元收入的业务，过着惬意的中产生活，却毅然放弃了国外舒适的生活和高额的年薪，放弃了各种大小银行和互联网大公司的机会，成为拍拍贷的一员；我们中有的人耗脑过度，一头乌黑亮丽的头发不断退却露出了事业线，一边在聚会上大喊"我的头发我的头发"，一边又继续沉下心加班加点为用户研发产品；我们中有的人跟丈夫两地分居，自己既要照顾年幼的孩子还要承担工作的挑战，以至于每次去外地出差，都要自己花钱带着孩子和保姆全员出动……

因为，我们有一个共同的理想主义的使命：金融触手可及，信用改变中国。而这个使命，也正是我们的野心，改变中国，改变世界！

因为野心，我们耐心，我们相信我们可以很大，大到不可思议；因为野心，我们专注，专注在一个点上顶破天。我们有时会喜获丰收，有时也会倍感挫折。即便如此，我们从来不会因外界变幻影响我们前进的步伐，因为我们是这个行业的先驱和领导者。

如果说我们是浪漫主义者
是不可救药的理想主义分子
我们做的都是不可能的事
那么
我们将一千零一遍的告诉你
是的
我们就是这样的人

——切·格瓦拉

这个世界不是因为你能做什么，而是你该做什么。

不专业，但我们牛逼

时间翻回 2008年，曾有一位专业的投资人很好心地劝我们放弃：“如果拍拍贷能行，就意味着你找到一个方法，通过

Internet就能判断人的信用，这会有无限大，这是不可能的”。我们的回应显得这样的不专业：“我不同意你的看法，我认为这是可能的，利用创新、利用技术，我们是可能做到这件无限大的事情的。”到今天，因为拍拍贷的存在，谁还敢说网上不能贷款？我们在逐步做成这件无限大的事！

2015年，我们继续着这些不专业的事。当有人告诉我们没有一年不可能建成一个新的运营中心，三个月是搞笑。我们干了，不到三个月，无锡运营中心成立并且开始运营，三个月里，我们从项目启动、到全国选址、到租房装修、到招聘入住，我们干了，而且干的漂亮。因为不专业，所以我们干成了。当有人告诉我们不可能在两个月内，将一套复杂的 Oracle的 ERP系统部署在我们这样一个新兴、复杂的行业公司的时候，我们干了，我们用了 59天完成了上线。因为不专业，所以我们干成了。

因为不专业，我们继续像往常一样面红耳赤地争吵，有时混杂着拍桌子叫骂着“这真的不可能吗？”，“这样足够好了吗？”的声音，怒而分开，第二天又和和气气找出解决方案共同推进。我们以不专业且不畏权威为荣。

我们不专业，所以我们也犯过很多的错误。曾经，我们在快速扩张的时候没有规划好办公室，很多同事搬进新办公室断水断电；曾经，IT不小心将公司所有内部账号冻结，导致邮件不通，CTO第一时间疯子一样对外联系找各种办法迅速解决；曾经，我们的自动化系统未按预计上线，导致大量积压，审核小伙伴加班加点人工处理；曾经，在机房成功迁徙升级后的节假日里小模块出现问题，熬了一夜的同事迅速赶到现场处理再熬一夜……曾经，我们犯过这么多的错误，相信我们将来还会犯很多的错，但是我们骄傲，我们不怕犯错，我们勇于改进，不断完善。

拍拍贷内充满了看上去那么不专业的事：公司的吐槽会，一个一线的主管或者员工，可以直接向我吐槽他任何觉得不爽的地方，每一个人也都会毫无顾忌地相互吐槽，狠得就像身边坐的不是自己的同事一样，但大家都虚心接受，之后默默改进；公司有的团队叫少林，有的团队叫武当，还有骑士团，还有发改委，没人要求统一和标准；年度目标达到，我们一起绕世纪公园长跑，大汗淋漓，然后在广场上像疯子一样大喊大叫，用手涂鸦；每一次公司组织拓展，我们总能以我们的热情和表现，不断打破活动拓展公司的底线；有员工犯了错误，我们说你不准加班了，这是对你的惩罚；我们的会议室，被命名为全球各地的著名城市和风景名胜，我们笑称我们每个会议都是全球性的；公司的年会上，我们尽情展现自己的才华，更是不断涌现各种“妖魔鬼怪”……我们真的是太不专业了。我们很多人做一件事，往往不是看这件事的回报，而是说我就是觉得这件事很牛逼，有乐趣，用户喜欢……

到今天，近 9年时间的沉淀，没有人敢说在互联网消费金融领域比我们更专业，但我们认为自己依然不专业，而且我们会继续这样的不专业。我们承认无知，承认不专业，使得我们敢于挑战，不畏权威，不畏专业。不专业使得我们越来越牛逼。

平凡的人，组成神的团队

前阵子，当我们一起开会回顾 2015时，有人落下了眼泪。我们干的这么辛苦这么努力，值得吗?

公司里流传着早期创始人在面对巨大压力时，跑到茶馆里喝啤酒，并且嚎啕大哭的故事。

的确，当我们审视自己，打量他人，我们真的是如此的平凡和普通。当我们面对压力和不理解的时候，我们委屈地流泪；面对成功，我们却又没心没肺地欢乐；面对不确定，我们会害怕；面对别人走的“捷径”，我们也会嫉妒。我们中绝大多数人，没有出众的颜值，即使有，在拍拍贷也是在靠才华吃饭；我们中绝大多数人，都出身贫寒，即使不是，在拍拍贷也是白手起家；我们绝大多数人，并不聪明，我们更相信信念、努力和坚持。放在人群之中，我们是一群会立即被淹没的平凡人。

但是，当我们聚在一起，当我们这群怀揣理想主义，充满野心，不畏专业的人聚在一起，一起做梦，一起拼搏的时候，我们不再平凡；我们每个人身边，永远都有一群靠谱的伙伴，他们时刻会掩护你，帮助你前进。他们和你一起跌倒，再搀扶着一起站起来。这是一件多么让人幸福的事！和一群靠谱的人，一起充满激情地做一件有意思的事，完成一项伟大的使命，这是一件怎样幸福美好的事！

我们是谁?

我们高大英俊、家境富裕、聪明过人、情商无敌、技术过硬、天下无双！我们纯粹、高尚，我们脱离了低级趣味。希望这些描述是，但我们不是。

我们是平凡人，唯怀揣梦想，并且不断努力的平凡人。

我们是很多人眼里的傻子和疯子，但我们却是自己眼中的天才。

平凡的我们，组成的，是一个神的团队！

最后请允许我再次来说一下我们的梦想。

Paypal创造了一个词，叫做“统治世界指数”，指的是使用Paypal的用户数。这个词也表达了他们的梦想和野心。请允许我用一个拍拍贷式的含蓄来表达我们的梦想和野心：金融触手可及，信用改变中国。

这就是我们。我们改变世界的故事，还在继续。

2017
创始人的信：相信

从 2006年底我们有了那个疯狂的想法开始到如今，已经过去了整整 10年。前几天和一个朋友聊天，他问我，是什么能够让你们坚持 10年？我想了想，说，因为相信。相信？他一脸疑惑的看着我……而在我的脑子里，过去 10年的种种片段像是电影一般回放，被人质疑时的落寞，员工离职时的忧伤，被人中伤时的愤怒，伙伴争吵时的激烈……更多的，却是经历那一切之后的坚定。在那些黯然跌倒、让人煎熬的日子，能让我们重新站起来，拍拍身上的尘土继续前行的，只有内心中最简单的两个字：相信。

关于徒步沙漠

2016年 5月的一天，我在高管微信群里发了这样一条消息：6月底我们一起去走沙漠。

消息一发出，平时挺活跃的群里一时鸦雀无声，有好长的时间无人回应。我猜大家当时在想：Cliff不会是疯了吧？！

带着一群平时坐惯了办公室，几乎都没有沙漠徒步经验的人，却一上来就选择了一个2天要走完50公里沙漠的行程，想想确实是挺疯狂的。直到踏上去银川的火车，我想还是有不少的人是出于不想驳了老板的面子才踏上征途的。沙漠之行队伍中的很多人在一开始就不被看好能走完全程，甚至不少人连自己也不相信自己能走出沙漠。

就是在这样的情况下，我们开始了沙漠之旅。而第一天沙漠就给我们一个大大的下马威，狂暴的风沙让人无法呼吸，酷热的天气和丝滑的流沙，让我们每走一步都要付出在平地上 3~4倍的体力。在第一天，我们就有 6个人因伤不得不退出行程。而第一天，我们实际只走了 18公里，更大的挑战还在后面……

2016年 6月 28日晚 10点，在 2天的咬牙坚持之下，我们终于走完了 50公里的全程。在总结会上，一位高管说：我平时并不怎么运动，也从来没有走过沙漠，虽然当 Cliff说我们要走沙漠的时候，我觉得很疯狂，内心是拒绝的，但我还是决定参加。我想我们有这么好的队友，我们相互帮助，相信一定可以走出来……

有同事说，第一天走完，看到不少的队友受伤退出，自己也感觉体力已经耗尽，内心是非常崩溃的。我很挣扎，我想告诉Cliff说，我受不了了，我想退出。但又有另一个声音在跟我说，你都没有真正试过，你怎么知道自己不行呢？于是我决定坚持，我相信自己可以走完全程。现在，我非常感谢我自己，感谢我内心身处隐藏着的信念和坚持。

也有同事，在走沙漠的过程中不断地帮助队友，被评为“沙漠暖男”。他说，一开始我也内心恐惧，但我相信我一定可以走出来，因为我们有这么好的团队。我相信我的队友，在我没有水的时候，我的队友是会分享给我水的；我相信在我走不动的时候，我的队友会来扶我一把；我相信在我需要任何帮助的时候，我的队友都可以为我提供帮助。也因此，我会在任何我的队友需要我的帮助的时候，我会马上伸出援手。我相信我们如此相互支持，我们一定可以走出沙漠，甚至再来50公里，也不在话下……

就这样，一个看似疯狂的举动，一个看似恐怖的距离，一个看似不可能完成的任务，在大家的“相信”之下，相信自己，相信队友，最终成功的抵达我们的目标。

关于官渡之战

我很喜欢三国这一段历史，尽管在历史学家看来，三国这一段历史在中国的历史长河中并不重要，但那金戈铁马，英雄辈出的时代，仍然令人神往。

三国的男一号曹操，在迎奉了汉献帝之后，名正言顺的成为了中央，势力发展很快。曹操的理想是消除分裂，统一中国。此时，他的对手就是那些拥兵自重，割据一方的军阀。在他们中间，实力最强大当属河北大军阀袁绍。自然地，袁绍成为了曹操最主要的对手。曹操知道他和袁绍迟早有一战，但他没有想到，这一战来得这么早，袁绍先出手了。

袁绍集结冀、青、幽、并四州兵马和粮草，带着猛将军师，浩浩荡荡的开到了黄河北岸。

曹操的队伍一听说袁绍重兵来袭，一下子炸了锅。曹操很焦虑。能不能战胜实力比自己强大得多的袁绍？曹操心里没底。曹操拿着袁绍发出的历数其罪状又把曹操祖宗也顺带问候了一遍的战书，没说话。他用眼光扫了一下站在他面前的文臣武将，他们都低着头，不敢说话。曹操有些泄气。这时候，曹操的第一谋臣郭嘉站了出来。他说，袁绍并不可怕，也并非不可战胜，主公有十胜，而袁绍有十败，我们是一定能够战胜他的。接下来就是他著名的“十胜十败”之说。

郭嘉的话鼓舞了曹操，坚定了曹操的决心，他相信他能够也必须战胜袁绍，这是关乎生死的一战。而其实在那个时刻，袁绍与曹操的地盘大小之比，大约为 3:1，兵力之比大约为 8:1。这是极其悬殊的实力对比。

战争的结果一如郭嘉所料，曹操获得了胜利。但实际上战争打了好几年，非常的艰苦。曹操甚至也有撤退和放弃的想法，有过摇摆，但最后他还是选择了相信，并最终打赢了战争。官渡之战成为了历史上有名的以弱胜强的一战，也成为曹袁之间势力逆转的关键一战。

关于玄奘西行

1300多年前，唐太宗李世民治下的贞观盛世出现了一位非法出境者，俗称偷渡客，且还是个和尚。他出境前原本是洛阳一座寺庙的僧人，法号玄奘。玄奘在国内辗转学佛，发现不同寺庙对于佛法的理解是不同的，甚至大相径庭。为了探求佛法的真意，他决定西行印度，去追求真理。

然而当时西部边境战事频繁，大唐不允许国民私自出境，没有拿到批文的玄奘望关兴叹。然而决心已下，他必须要出关。后来在几位好心官员的帮助下，玄奘成功出关，进入了大漠。为了躲避追捕，他昼伏夜出，不断赶路，所骑之马也被累死。在这茫茫大漠中，前无顺途，后有追兵，烈日炎炎，衣衫褴褛，身无分文。前面的路会是怎样？会遇到什么样的人？玄奘并不知道。他唯一知道的，是前路绝不平顺，沿途尽是风险。但，他选择了相信，他相信自己一定可以到达印度，取得真经。

《大慈恩寺三藏法师传》卷一记有玄奘“誓游西方”的壮语：昔法显、智严亦一时之士，皆能求法，导利众生，岂使高迹无追，清风绝后，大丈夫会当继之。

经过五年将近五万里的艰苦跋涉，他终于来到印度佛教中心那烂陀寺。玄奘在印度游历、研究和讲学整整13年。回国时，他带回了350多部梵文经书。回国后他受到了唐太宗的接见。太宗皇帝甚至要他弃佛还俗并给他官做，但被他拒绝。此后，他在长安进行佛经翻译工作。他总共翻译了75部经典，对中国的宗教、社会文化各方面都有很大影响。他自己也成为中国最著名的高僧之一。

关于金融触手可及

2006年年底的时候，几个已近而立之年的青年很是焦虑。在此之前，他们抱着改变世界的豪情开始了创业之旅。他们做过保健品电商网站，研究过博客，做过视频网站，但很快都因为缺乏资金投入而倒闭。在看着跟他们同样的年轻的创业者们因为缺乏资金的支持而步履维艰甚至纷纷放弃的时候，一个想法在心里盘旋：我们能不能够做点事情，来帮助像我们这样的创业者，甚至是更多的想要实现梦想的年轻人，帮助他们解决资金的问题？

2007年 6月，拍拍贷上线了。拍拍贷的上线拉开了中国网络信贷行业发展的序幕，也同时开启了几个疯狂的拍拍贷人艰难探索的征程。

当时，没有人搞得懂他们在做什么。

2008年，人们认为他们在搞非法集资，在犯罪。

2009年，人们说，中国人是不讲信用的，你们这个事情不可能做成的。

2010年，人们评论：这是一群靠谱的人干着非常不靠谱的事情。

直到 2012年，也还是没有几个人相信他们可以把这事做成了……

信贷的门槛是如此之高，以至于普通百姓要获得信贷服务是一件极其困难的事情。但他们相信他们一定可以降低门槛，让金融变得触手可及，让普罗大众都能享受金融服务。正是在这样的使命的激励下，在没有任何金融和风控的经验下，他们选择从头学习，他们相信只要足够的努力，他们可以学会；在所有的人都不相信中国人讲信用的时候，他们选择相信，他们相信中国人是诚信的群体，问题只是缺乏一套信用体系和方法论；在如何不见面的情况下去识别用户的信用状况并试图建立起自己的信用体系的茫茫沙漠里，他们选择相信，他们相信技术的发展可以帮助他们解决这个问题；在所有人都质疑他们是非法集资是违法犯罪的时候，他们选择相信，他们相信在国家的改革和开放之下，他们的努力一定会得到政府的认可……

关于相信

相信是一种平凡的态度，但却能够产生神奇的力量。曹操战胜袁绍，玄奘取得真经，都是因为首先有了坚定的信念。

选择相信，上帝为我们打开了一扇窗；选择怀疑，上帝帮我们关上一扇门。

2016年 12月 30日，我们再一次提前实现了我们全年的业务目标，同时，拍拍贷也即将进入第十个年头。10年前，没有人会把钱借给一个素未谋面的陌生人，因为不信任。10年后，拍拍贷每天产生数百万笔成功的出借，这意味着每天有数百万个信任在拍拍贷上被建立起来。在一个充满了不相信的社会，我们居然走了这么久，我想，正是源于我们选择了相信；在所有人都不相信未来，所有人都不相信别人的时候，我们选择了相信。我们相信未来会更好，我们相信我们的同事会做得比我们更好，我们相信我们的年轻人会做得更好。

在我们的第 10个年头，金融触手可及的玄奘之路其实才刚刚开始，我们才刚刚闯出玉门关，距离西天还有几万里的路要走。前路漫漫，黄沙漫天，在烈日的灼烤之下，在夜晚的寒风之中，在沙尘暴的侵扰之下，我们是西进还是东归？我们能不能够成功取得普惠金融的真经？

我选择相信，你呢？

图书在版编目（CIP）数据

网贷人的10年/尹晨飞著. —广州：广东人民出版社，2017.10
ISBN 978-7-218-11984-7

Ⅰ.①网… Ⅱ.①尹… Ⅲ.①互联网络—应用—借贷—金融企业—研究—中国 Ⅳ.①F832

中国版本图书馆CIP数据核字（2017）第196293号

Wangdairen De 10nian
网贷人的10年
尹晨飞 著

出 版 人：肖风华

责任编辑：赵世平
封面设计：刘慎础
责任技编：周 杰 易志华

出版发行：广东人民出版社
地 址：广州市大沙头四马路10号（邮政编码：510102）
电 话：（020）83798714（总编室）
传 真：（020）83780199
网 址：http：//www.gdpph.com
印 刷：广州市怡升印刷有限公司
开 本：880mm×1230mm 1/32
印 张：7.375 **字 数：**140千
版 次：2017年10月第1版 2017年10月第1次印刷
定 价：58.00元

如发现印装质量问题，影响阅读，请与出版社（020-83795749）联系调换。
售书热线：（020）83795240